シリーズ「遺跡を学ぶ」

109

最後の前方後円墳

龍角寺浅間山古墳

白井久美子

新泉社

最後の前方後円墳
―龍角寺浅間山古墳―

白井久美子

【目次】

編集委員
勅使河原彰（代表）
小野　昭
小野　正敏
石川日出志
小澤　毅
佐々木憲一

装　幀　新谷雅宣
本文図版　松澤利絵

第1章　龍角寺古墳群とは

1　なぜ印旛の地に巨大古墳が

下総台地と香取海

龍角寺《りゅうかくじ》古墳群は、旧下総《しもうさ》国北部、眼下に北印旛沼《きたいんばぬま》を望む台地上（**図1**）に築かれた大小一一四基の古墳からなる。現在の千葉県印旛郡の栄町《さかえまち》龍角寺から成田市大竹《おおたけ》にかけて分布し、その名は、白鳳仏《はくほうぶつ》をいまに伝える飛鳥時代創建の寺、龍角寺にちなんでいる。

印旛沼は、いまでこそ干拓によって水域が大幅に縮小し、北印旛沼と西印旛沼に分断されているが、かつては鬼怒《きぬ》川・小貝《こかい》川が注ぐ霞ヶ浦・北浦を包括した内海（香取海《かとりのうみ》）の一角にあって「印旛浦」とよばれていた（**図2**）。現在、JR常磐線の我孫子《あびこ》駅から成田線に乗り換え、東に印旛沼のある成田方面へむかう車窓からは、一部都市化してきているとはいえ、広大な水田とその背景にこんもりと緑生い茂る下総台地の連なりを眺めることができる。この水田部が

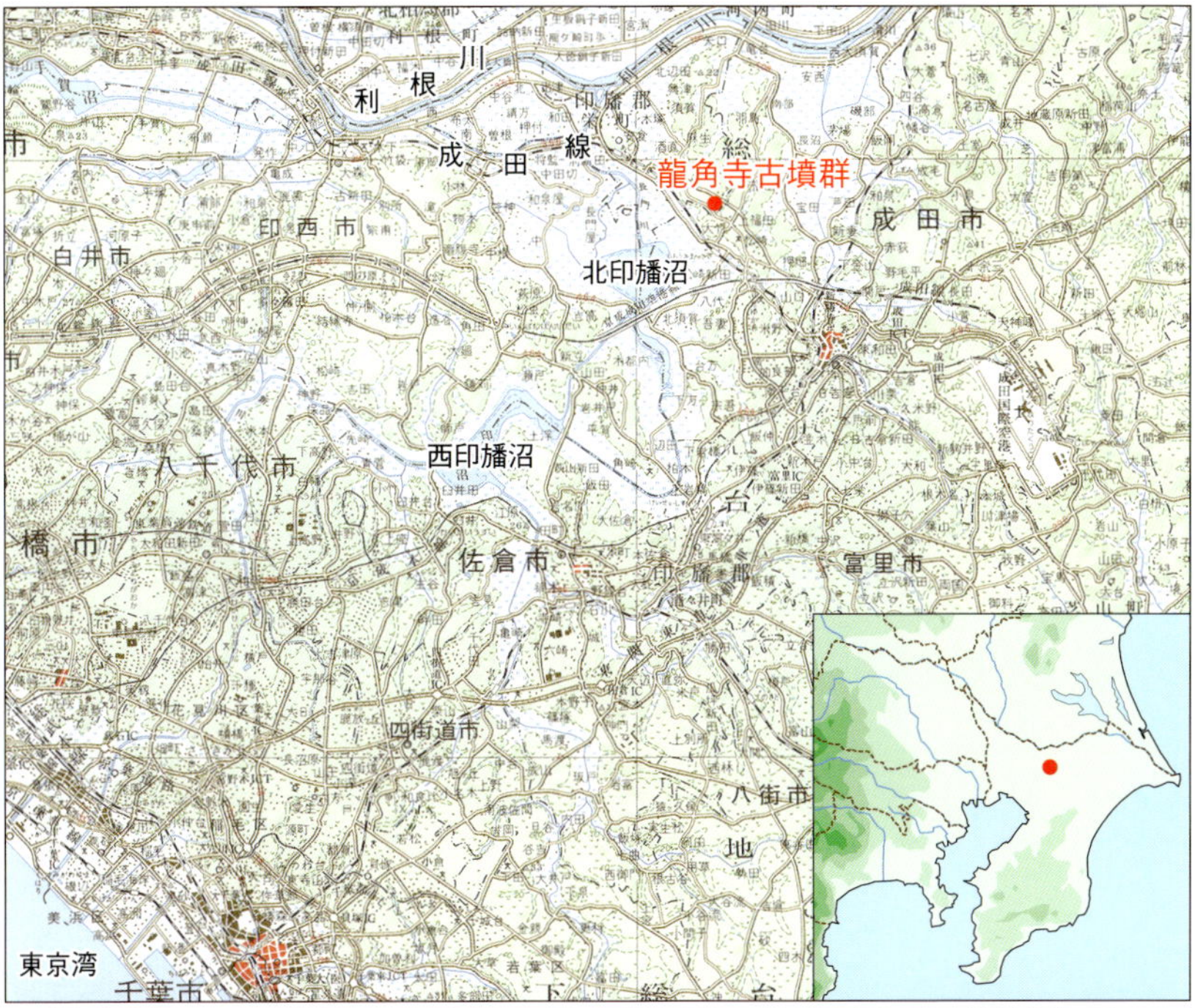

図1 ● 龍角寺古墳群の位置と遠景
写真手前の森が龍角寺古墳群。樹木が繁茂し現在は古墳群から印旛沼を望むことはできないが、上空からみると、かつての「印旛浦」に面した立地がわかる。

かつての内海で、北に筑波山を望む広大なこの平野に往時の姿をとどめている。

　この印旛沼周辺の地域一帯は、古代の文献に「印波《いんば》」と記された国造領域《こくぞう》（図3）と伝えられている。この地に古墳時代後期から終末期にかけて造営された大古墳群が龍角寺古墳群である。

終末期の巨大方墳・岩屋古墳は何を物語る

　龍角寺古墳群が多くの人びとに知られるようになったのは、群中最大の方墳《ほうふん》・岩屋《いわや》古墳の存在である（**図4**）。一辺七八メートル、高さ一三・二メートル、三段築成の墳丘を目のあたりにすると、土を盛りあげたピラミッドのような印象をもつ。南側の墳丘裾には横穴式石室が二基あり、切石積《きりいしづみ》の構造は古墳時代終末期の特徴を示している。この時期の方墳では、大阪府磯長谷《しながだに》の春日向山《かすがむかいやま》古墳（用明《ようめい》天皇陵古墳）・山田高塚《やまだたかつか》古墳（推古《すいこ》天皇陵古墳）をしのいで列島最大規模を誇り、一九四一年に国の史跡になった。

　残念ながら、江戸時代後期にはすでに石室が開いていたことを示す記録があり、盗掘などに

図2 ● 香取海と印旛浦
香取海は古代の常陸国と下総国にまたがる広大な水域で、印旛浦はその南縁にあって下総国の港湾地帯であった。

よって持ち去られたのか、副葬品に関する記述はない。また、岩屋古墳出土と伝えられる遺物も現存していない。一九七〇年に明治大学が測量調査時に石室内を清掃し、二〇一一、一三年には栄町が石室前庭部《ぜんていぶ》を確認調査したが、副葬品は出土しなかった。

下総の地になぜ、このように巨大な墳丘をもつ古墳を築きえたのか。それは龍角寺の創建とどのようにかかわるのか。岩屋古墳の副葬品が不明であることは、それらを解明する重要な手がかりが欠落しているといえる。

しかし、このような現状に一石を投じたのが、龍角寺古墳群中で岩屋古墳の前代にあたる首長墓・浅間山《せんげんやま》古墳の調査であった。本書では、浅間山古墳の調査成果を中心に、周辺の古墳群・遺跡の調査成

図3 ● 房総の国造分布
古代の文献によれば房総三国（下総・上総・安房）には11の国造が名を連ね、全国でもっとも多くの国造が割拠していた（●はおもな古墳・古墳群）。

果をあわせて、ヤマト王権の中央で巨大古墳が造営されなくなった終末期に、なぜ遠く離れた「印波」の地で巨大古墳が築造されたのか、みなさんと探っていきたい。それは、古墳時代から古代への転換期における王権の地域支配のあり方、それに対する地方豪族の対応と活動の一端を明らかにすることになるだろう。

2　群集する前方後円墳

この地が首都圏の隣接地域にもかかわらず、戦後の高度経済成長期をへて古墳群が今日までのこったのは、一九六九年に文化庁が打ち出した「全国風土記の丘構想」による。千葉県では龍角寺古墳群がその候補となり、一九七五年に「県立房総風土記の丘」として整備された。二〇〇四年に隣接する「県立房総のむら」と統合し、現在は「歴史と自然を学ぶ風土記の丘エリア」として古墳群の約七割が敷地内に保存されている。なお、二〇〇九年には、隣接する敷地外の浅間山古墳を含む九三基の古墳が国の史跡に追加指定された（**図5**）。

龍角寺古墳群は、古墳時代後期から終末期の古墳を主体とする、旧下総国最大規模の古墳群

図4 ● 岩屋古墳の近景
上空からみると、あらためて大きさを実感できる。三段築成の正四角錐に近い墳丘と二重にめぐる周溝・周堤がよく残っている。

である。また、前方後円墳が一一四基中三七基にもおよぶことが群構成の特徴でもあり、奈良県（三一二基）をしのいで、全国でもっとも前方後円墳の数が多い千葉県（七三三基）の特性を示す代表的な古墳群といえる。

龍角寺古墳群の墳形別の構成をみると、前方後円墳三七基・円墳七一基・方墳六基からなり、前方後円墳が全体の三分の一を占める。その規模は、墳丘長七八メートルの浅間山古墳を最大に、墳丘長四〇～四九メートル四基、三〇～三九メートル九基、二〇～二九メートル二〇基、一〇～一九メートル三基で、三〇メートル以下の小規模なものが六割以上を占める。また、前方部の短小な帆立貝形に近い形態が多い。おそらく、円墳とみているものにも短小な前方部をもつものが潜在すると思われ、その比率はさらに高くなる可能性がある。後期になると小規模な前方後円墳が急増する現象は、茨城県・栃木県など関東地方北部域でもみられ、前方後円墳という墳形による被葬者の格付けを重視した集団の特性がうかがえる。

畿内やその周辺部など西日本の後期・終末期の古墳群では、数百基のうち前方後円墳はわずか数基～一割ほどの数で構成されており、その差は歴然としている。たとえば、和歌山県の岩《いわ》橋千塚《せせんづか》古墳群では、総数七〇〇基を超える古墳のうち、前方後円墳は二七基にとどまり、方墳四基のほかは円墳である。宮崎県の西都原《さいとばる》古墳群では、三一一基が現存し、その内訳は前方後円墳三一基、方墳一基、円墳二七九基で、前方後円墳は一割にすぎない。また、京都府の下山《しもやま》古墳群は、龍角寺古墳群とほぼ同規模の約一〇〇基の群集墳だが、すべて円墳で前方後円墳は含まれていないのである。

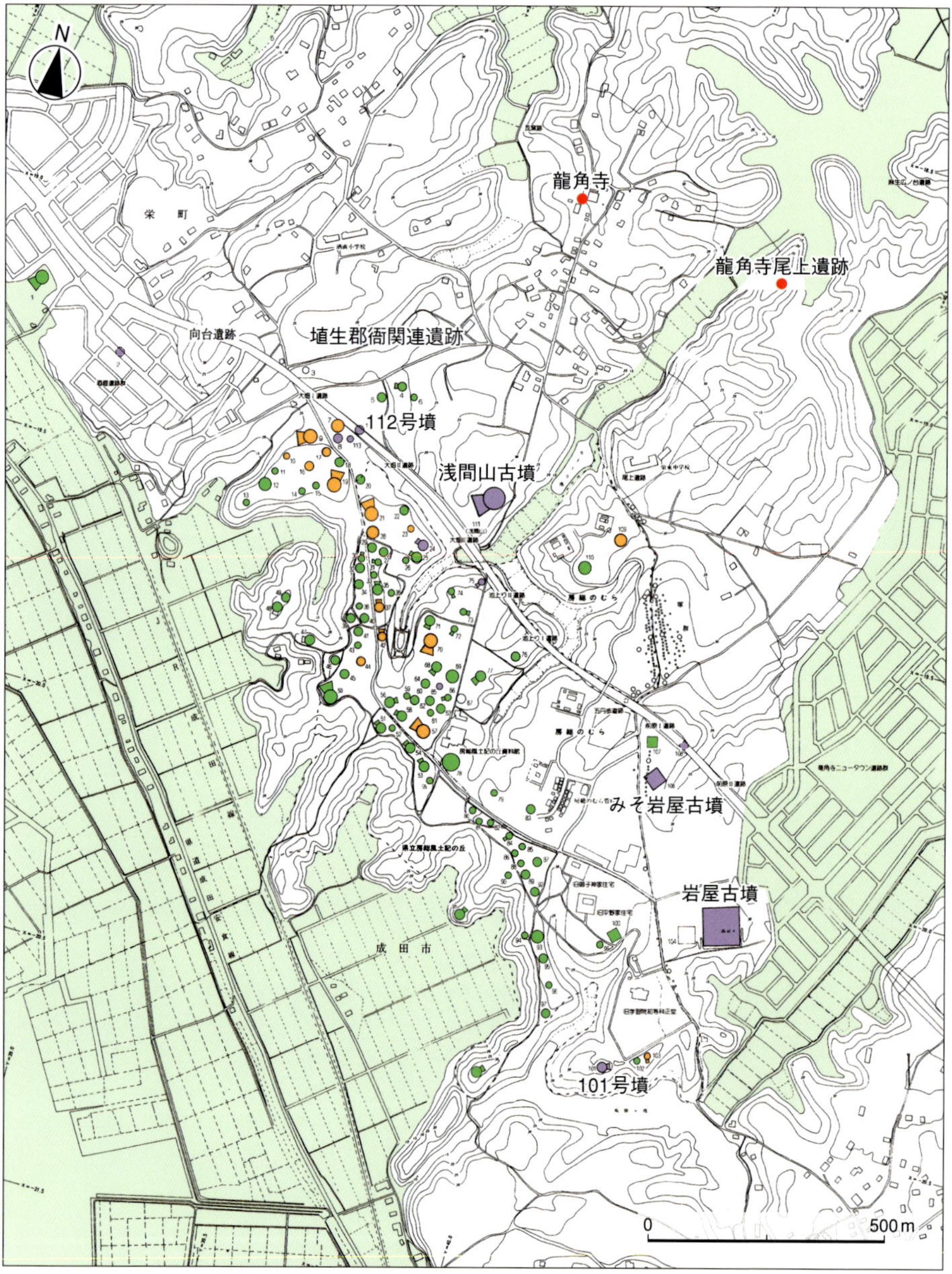

図5 ● 龍角寺古墳群の分布図
後期の前方後円墳と円墳は印旛沼に臨む台地に築かれ、終末期の方墳は沼の東側から入り込んだ谷筋に立地している（紫色は調査古墳、オレンジ色は埴輪出土古墳）。

龍角寺古墳群のような後期の小規模な前方後円墳の群在は、あまり規模の差がない円墳の被葬者との立場の違いを墳形によって示すことがおもな目的であったと考えられるが、近畿地方を中心とする西日本とは別の原理で前方後円墳が築かれていたことが想定できる。

西日本の後期前方後円墳は、ごく限られた首長層の墓として中小規模の古墳が群集する古墳群とは離れた場所に築かれる場合が多く、その被葬者が王権の官吏的存在に変質したことを示すと考えられている。ところが関東地方の例では、大型前方後円墳・小型前方後円墳・円墳が同じ古墳群に存在し、後期になっても密接な関係を維持していることがうかがえる。そして、後期に成長した被葬者に前方後円墳という前代以来の地位の象徴を付したのではないであろうか。そこで次節ではまず、調査された後期の古墳をとりあげ、古墳群が形成された初期の様相をみていこう。

3　古墳時代後期の龍角寺古墳群

後期の龍角寺古墳群の調査は、前方後円墳五基、円墳七基、方墳四基を対象におこなわれている。埋葬施設を中心とした部分的な調査や測量・レーダー探査が中心で、発掘調査によって全容を明らかにした例は二基に限られる。しかし、一一四基のうち一七基に埴輪があるほか、レーダー探査などによって墳裾に箱式石棺をもつ例を一〇基以上確認している。いずれも後期から終末期の例で、前・中期にさかのぼる古墳はみあたらないため、古墳群の形成が後期にはじまることはほぼ間違いないといえよう。発掘調査によって全容が明らかになったつぎの二例は、古墳群形成期を示す資料として注目される。

埴輪をもつ一〇一号墳

一〇一号墳（図6）は龍角寺古墳群の南端部に位置し、印旛沼から根木名《ねこな》川低地に抜ける谷奥部の台地縁辺に立地する。築造当初は周溝が二重にめぐる円墳であったが、後に内側の周溝の一部を埋めて内堤とつなぎ、新たに埋葬施設（箱式石棺）が築かれている。墳丘径は約二五メートル、墳丘盛土高三・六メートル、ブリッジ（土橋）部の長さは約三メートルである（図7）。ブリッジを付加した部分は、もともと内堤から墳丘側に突出した造り出し状の施設があったと推定されている。以前から埴輪をもつことが知られており、発掘調査の結果、円筒埴輪とともに人物・動物・家などの形象埴輪を樹立していたことが明らかになった。

形象埴輪のうち、人物は一五体確認されており、盾持《たても》ち武人四体（図8）のほか椀を捧《ささ》げる女子・帽子を被る男子などがある。動物は馬三・鹿一・犬二・猪一・水鳥二体がある。馬はf

図6●復元された101号墳と人物埴輪
円筒埴輪と朝顔形埴輪は、墳頂部と墳丘テラスをめぐる。
形象埴輪は造り出し状の施設と内堤に配列されていた。

字形鏡板《かがみいた》付き轡《くつわ》・鞍《くら》・杏葉《ぎょうよう》・馬鈴《ばれい》・辻金具《つじかなぐ》を装備した飾り馬である。胴が短く、足が長い馬体が特徴的である。家は屋根と庇《ひさし》の一部が出土し、屋根には連続三角文の線刻があり、赤く塗り分けている。形象埴輪の構成や数はこの規模の円墳としては充実しており、周辺の一般的な後期古墳群の中では中心的な古墳に相当する内容である。

円筒埴輪は三条四段構成で、六世紀後半に下総地方で盛んに用いられた最下段の短小な「下総型埴輪」の特徴をもつ例もあるが、各段の高さがほぼ均等なものが多い（図8）。

底部径は口縁部径の二分の一以上あり、安定感がある。突帯《とったい》（タガ）は断面台形で、上下ともていねいにナデづけられている。また、円形の透かしは比較的大きなものが多い。このような特徴から、一〇一号墳の円筒埴輪は、底径が小さく細身の、底径一：口径二：器高四の比率で画一的につくられた「下総型埴輪」が成立する前の段階のもので、六世紀前葉に位置づけられる。

埋葬施設は、墳頂部（第一）・墳丘テラス（第三）・くびれ部（第四）・周溝内に二基（第二・一号土壙）の計五基がみつかった。第二・第三・第四施設は箱式石棺である。また、墳頂部の第一施

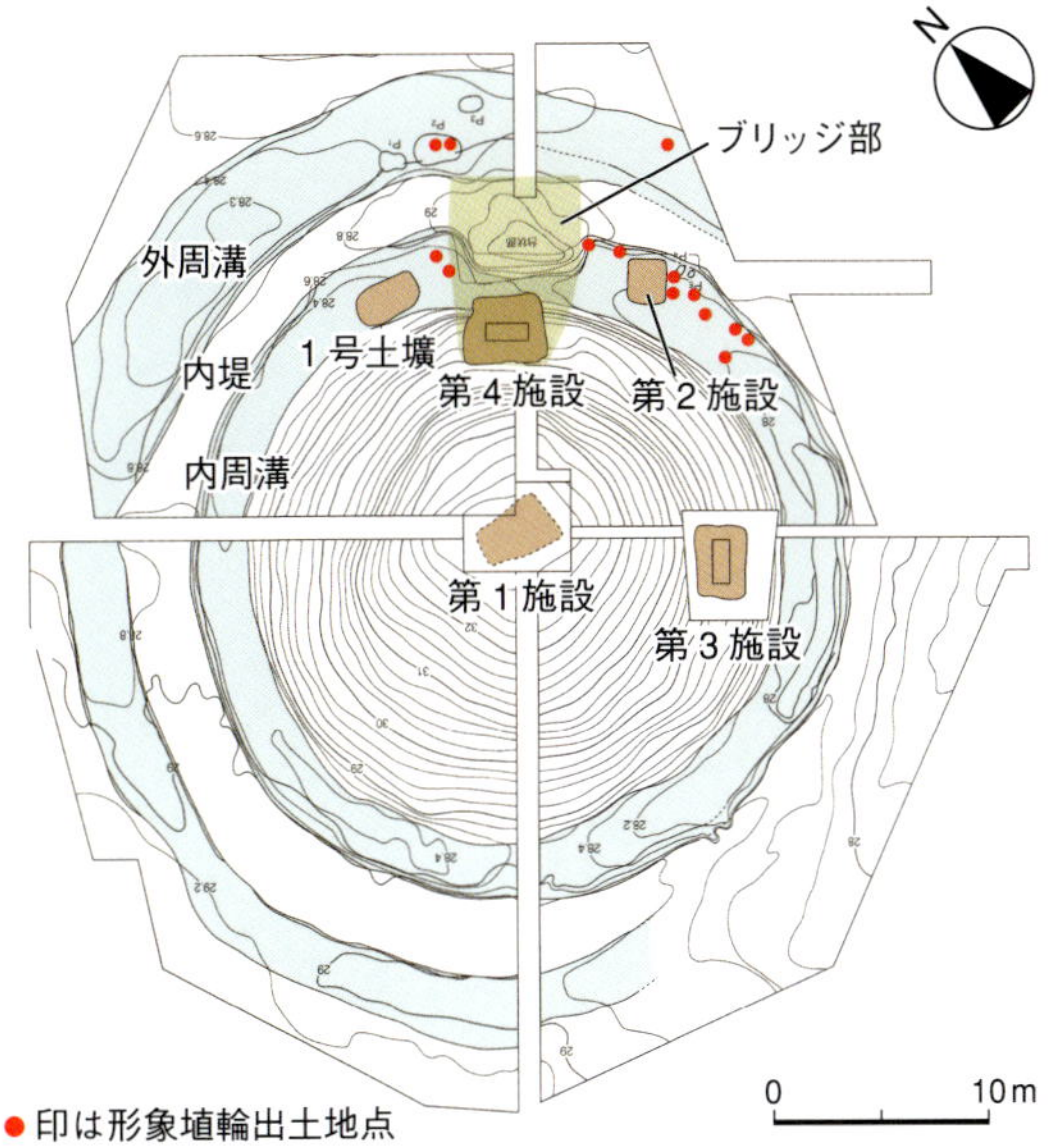

図7 ● 101号墳の実測図
埋葬施設は墳丘内の上部と下部のほかに周溝の中にもあり、被葬者一族の順位をあらわしていると思われる。

設は木棺直葬であったと推定される。

　出土した副葬品は、第一施設から碧玉管玉《へきぎょくくだたま》一・鉄製馬具（辻金具一・鐙《あぶみ》兵庫鎖片《ひょうごぐさりへん》）・直刀《ちょくとう》三・鉄鏃《てつぞく》六が、第二施設からは出土せず、第三施設から銅地金貼《どうじきんばり》の耳《じ》環《かん》二対・直刀三・刀子《とうす》一・鉄鏃一三が、第四施設からは直刀一・鉄鏃二であった（図9）。

　また第三施設からは成人男性三・成人女性三・小児一・幼児一体の計八体の人骨が出土した。

　石材は、第二施設に（緑泥《りょくでい》）片岩《へんがん》を、第三施設に凝灰質砂岩《ぎょうかいしつさがん》を用いている。なお、第四施設は石材が完全に抜きとられていた。また、埋葬施設の周辺や周溝内から出土した堤瓶《さげべ》・フラスコ型長頸壺《ちょうけいつぼ》・脚台付壺《きゃくだいつきつぼ》などの須恵器《すえき》は六世紀前葉〜七世紀初頭まで新古の幅があり、第三施設周辺の墳丘テラスで出土した須恵器がもっとも古い。

　以上のように、一〇一号墳は六世紀前葉に埴輪を樹立して築かれ、七世紀初頭にわたって埋葬がおこなわれた、龍角寺古墳群の埴輪樹立段階の指標になる古墳

図8 ● 101号墳出土の盾持武人埴輪と円筒埴輪
盾持武人埴輪は内堤に古墳を守るかのように立てられていた。盾と体が一体化したつくりが特徴。
円筒埴輪は3条4段構成で、底部径は口縁部径の2分の1以上あり、6世紀後半に盛んに用いられた「下総型埴輪」以前の段階のもの。

のひとつである。墳丘径二五メートルの規模は、関東の後期古墳群では中規模で、龍角寺古墳群の円墳では上位の四分の一に位置する。さらに、二重周溝をめぐらせた内堤の径は三七メートルに達し、後期の大型円墳に比肩して、同規模の円墳との差異を強調したものといえる。

帆立貝形の前方後円墳一一二号墳

古墳群のもっとも北側の支群に一一二号墳がある。墳丘を削平されてしまい周溝と地山に掘り込まれた石棺掘り方がわずかに残存した。墳丘全長二六・五メートル、後円部径二二・五メートルの小規模な帆立貝形前方後円墳である（図10）。くびれ部中央に墳丘の主軸と直交する土壙がみつかり、調査の結果、石材を抜きとられた板石組箱式石棺の掘り方と判明した。また周溝内には外壁、内壁に接して一一基の土壙があり、一〇基は周溝内の埋葬施設であった。

このうち、前方部前面の一一号土壙に鉄鏃七点が副葬されていた。鉄鏃は広根《ひろね》長三角形の鏃身をもつ有舌《ゆうぜつ》式三点、剣身《けんみ》形の鏃身をもつ長頸《ちょうけい》鏃三点、片刃《かたば》の鏃身をもつ長頸鏃一点で構成される。ほかに、周溝内で刀子二点・鉄鏃五点・小札《こざね》二点・轡片などが出土した。また、周溝内から

図９ ● 101号墳出土の副葬品
左側は第３施設・第４施設（上段右のみ）の鉄鏃、中央は第３施設の直刀、右側は第１施設の馬具と管玉１点および第３施設の耳環、墳丘出土の管玉２点。

は多量の円筒埴輪・形象埴輪片が出土している。その分布はくびれ部から前方部に集中し、とくに形象埴輪は前方部前面に集中する。形象埴輪はいずれも小片だが、人物・馬・家が確認できる。円筒埴輪も全容のわかるものはないが、朝顔・普通円筒ともに一〇一号墳のものにくらべて底径が小さく、全体に小ぶりで細身の下総型への傾向が強くなっている。埴輪と副葬品から判断して、埋葬は六世紀末葉から七世紀前葉におこなわれたものと推定される。

以上のように、後期の古墳は副葬品の内容に特別なものを含むという状況ではなく、当地方の六世紀代の古墳群を構成する中堅豪族層の例としては一般的なものといえる。しかし、埴輪をもつ古墳が全体の一五パーセントという高い割合を示し、上記のような中小規模の古墳にも形象埴輪が樹立されるなど、古墳群の主要構成員が充実している点に飛躍的な発展を遂げる浅間山古墳の時代への片鱗をみることができよう。

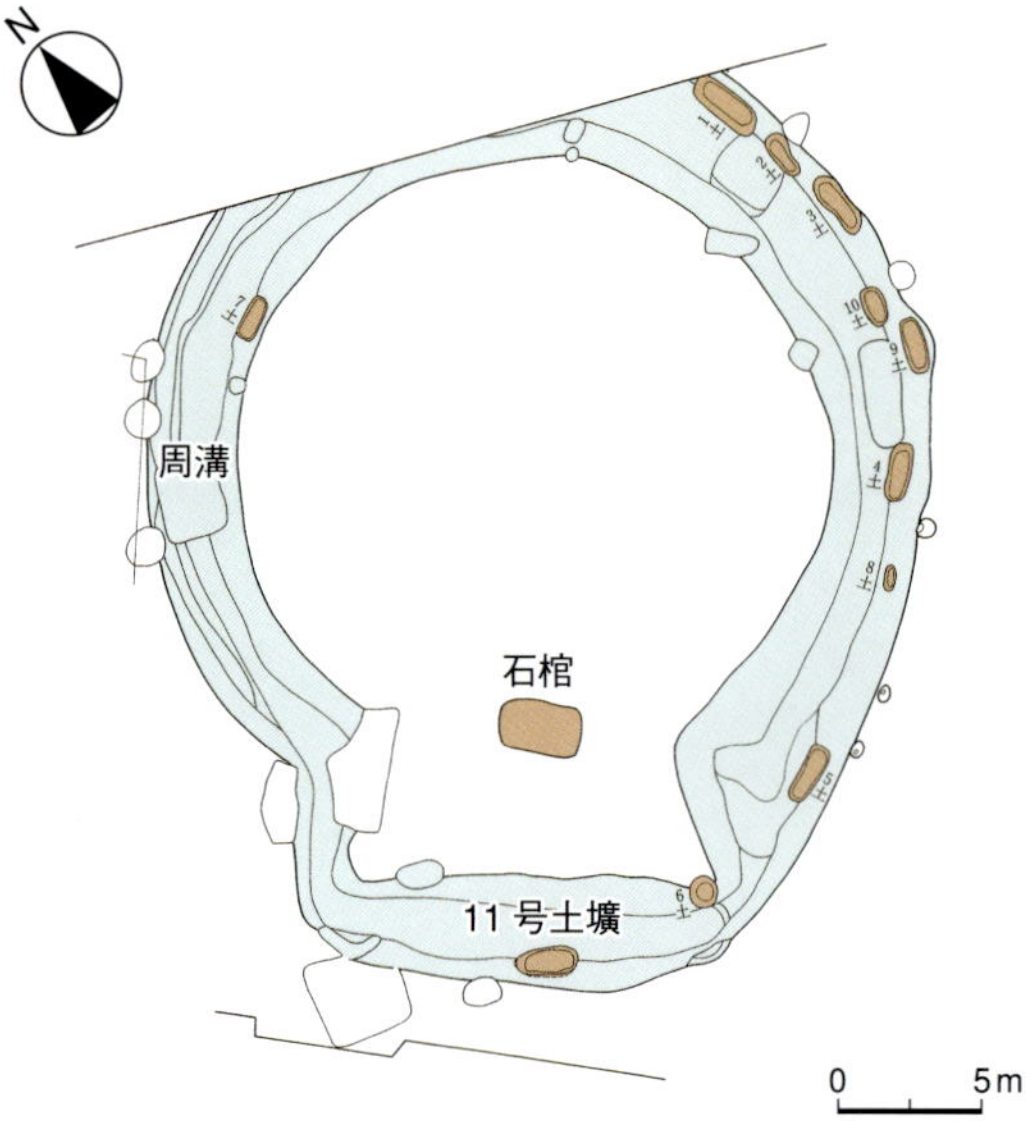

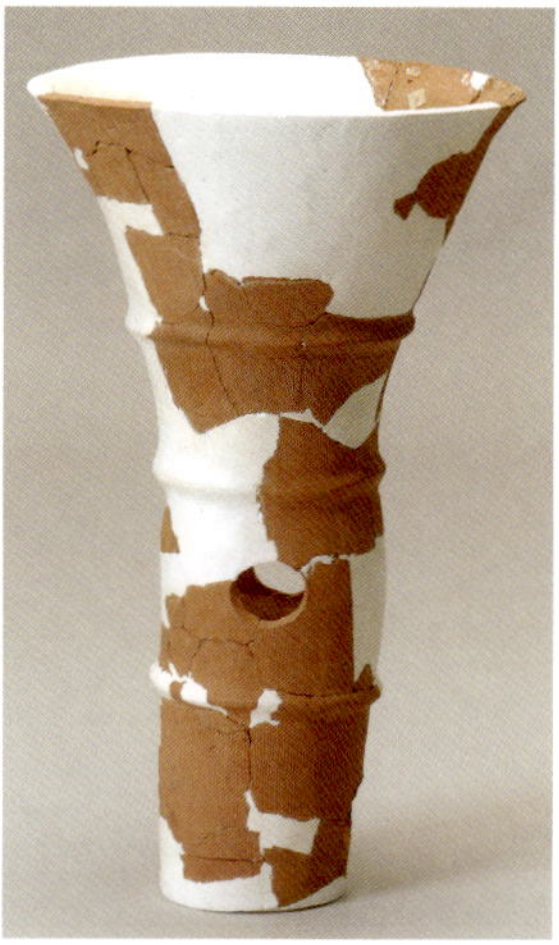

図10 • 112号墳の実測図と出土した円筒埴輪
小規模な帆立貝形の前方後円墳で、龍角寺古墳群ではこの型式の前方後円墳がもっとも多いと考えられる。円筒埴輪は101号墳のものにくらべて底径が小さく、全体に小ぶりで細身の下総型への傾向が強くなっている。

第２章　浅間山古墳の発掘

１　未調査古墳を開封する

レーダー探査で墳丘を復原

浅間山古墳は、龍角寺古墳群の前方後円墳の中ではもっとも台地の奥にある（図５参照）。当初、龍角寺古墳群形成の端緒となる大型前方後円墳と想定されていたが、調査の結果、むしろ古墳群形成の最後につくられた前方後円墳であることが明らかとなった。そうしてみると、この古墳が終末期の方墳と同様、印旛沼から奥まったところに立地することがうなずける。

一九九四年の測量調査をもとに、翌九五年に周溝と内部施設をレーダー探査し、九六年七月から九七年二月にかけて発掘調査をおこなった。発掘調査のメンバーは、千葉県史考古部会を主体として、大学生有志、（財）千葉県文化財センター（当時）職員、青銅器調査で来日していた北京大学（当時）の徐天進氏である。

墳丘は後世の改変が著しい。復原すると、前方部がかなり開いていて、前方部と後円部の高さが拮抗《きっこう》し（約七メートル）、前方部の発達した形態である（図11）。墳丘は二段築成だが埴輪・葺石《ふきいし》はなく、墳丘東側の後円部からくびれ部にかけて幅の広い半円形のテラスがある。

前方部前面から西側くびれ部はかなり改変してしまっているため、レーダー探査を実施した。その結果、墳丘の北西部から南側の周溝の位置が推定でき、後円部の東側には全長七メートルほどの横穴構造の施設が存在することもわかった。

このレーダー探査の成果をもとに、一九九六年七月下旬から一カ月間の予定で周溝と内部施設の発掘調査をおこなったところ、周溝はほぼ推定位置に遺構があることを確認できた。復原した墳丘の規模は、全長七八メートル、後円部径五二メートル、くびれ部幅三七メートル、前方部幅五八メートルで、従来全長六六メートルと考えられていた規模を大きく上まわることになった。全長に対し後円部径の大きい特徴は、前方部の短小な周辺の前方後円墳と共通するが、前方部が大きく開き、高さも後円部と拮抗する一段と前方部の発達した形態である。

石室を発見

一方、内部施設の確認調査は難航した。レーダー探査で推定した位置に杉の大木があり、周辺部の調査しかできなかったからである。横穴式石室の入口部が想定される墳丘裾部の発掘区でも成果がなく、明確な遺構を確認できないまま、当初の調査期間であった一カ月がすぎようとしていた。

調査区全体図

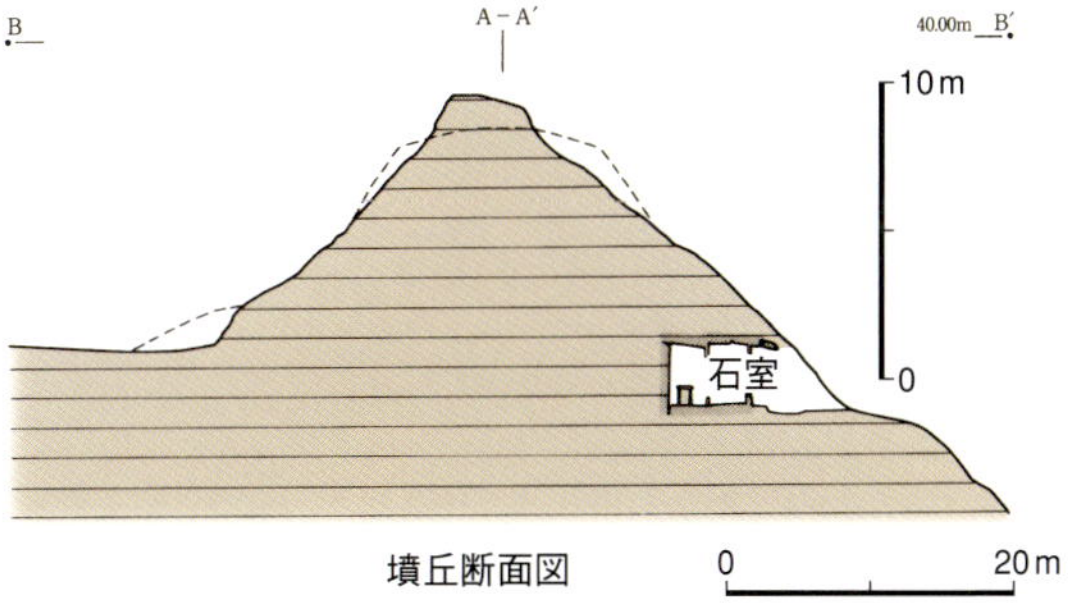

墳丘断面図

図 11 ● 浅間山古墳の全体図

後円部墳頂は後に「浅間社」を祀るために 1.5 m ほど盛土している。石室は、奥壁を後円部の中心から約 12 m の位置におき、天井石を旧地表面の直下に据えて、地下に構築している。

内部施設の検出を断念し、確認調査を終了しようと考えはじめていた期限三日前の夕刻、徐天進氏と職員が調査区内の攪乱坑《かくらん》（人為的な穴）を一・五メートルのボーリングステッキでつつくのを皆で眺めていた。その時、「あっ」という二人の声。一同注目すると、「コツコツ、という当たりがある」という。半信半疑のまま、交代でつついてみた。たしかに硬いものに当たる感触であった。隣の攪乱坑でも当たりがあった。その感触は偶然盛土に混じった川原石ではなく、かなり大きな石材に当たっていることをだれもが確信した。現状の墳丘表面から二・九メートル下である。

翌日からその場所を掘り下げた。墳丘の盛土をとり除くと、白色粘土とロームの混じった裏込め状の層に達し、さらにその下には厚さ五〜一〇センチにわたって白色粘土を敷き詰めてある。石室の天井石を覆う粘土だ。そして、その直下にトレンチの幅（一メートル）全体に広がる板石を確認した。石材は、当地の横穴式石室に多用される凝灰質砂岩ではなく、筑波山麓産の片岩（通称、筑波石）であった。白色粘土の範囲は東西方向に三・二メートルで、石材は二・四メートルの範囲におよんでいる。南壁近くには小動物が開けたような小さな穴があり、粘土を貫いて石材に達していた。さらに土砂をとり除くと石材のすきまがあり、一瞬冷たい風が吹き抜けた。石室内は空洞であることがわかった。

石室は未盗掘か？

風穴は幅八センチ、長さ五センチであった。石室に穴はこの風穴だけだとすると、石室内が未盗掘のまま密閉されている可能性が高い。今後の調査方針を検討するため、風穴から中の様子をみてみることにした。しかし、普通のカメラを入れるには風穴が小さすぎる。

そこで、東京文化財研究所保存科学修復センター（当時）の川野辺渉《かわのべわたる》氏の紹介で、ファイバースコープによる探査を試みた。中にかなりの空洞部分が存在することは確認できたが、映像が拡大されすぎているため映し出された物を特定するのは困難だった。

まだコンパクトデジタルカメラがなかった当時、つぎにフラッシュ付きの使い捨てカメラを棒にくくりつけて石室内に挿入して撮影してみた。長さ一・二メートルのレリーズを装着して外からシャッターを切った。すると意外に良好な写真が撮れた。カメラの装着方向を変えて石室内のほぼ全体を撮影した。

この写真撮影によって、石室は板石を組み合わせてつくった、玄門《げんもん》をもつ構造であることがわかった。また、石室内にはかなりの空洞部分があるが、床には土砂が堆積していることも確認できた。また、フラッシュによって石材の陰影ができた壁面に画が描いてあるかのようにみえる写真もあって、期待感は必要以上に高まった。

図12 ● 石室入り口部の状況
写真右下に外された閉塞石とみられる板石があり、中央には堆積土の上部に黒色の腐植土がみえた。これは入り口が開いていて、人が侵入した可能性のあることを示している。

こうして「未開封の横穴式石室」として調査する方針が打ちだされ、あらためて本格的に埋葬施設を調査することになったのである。

石室入り口部と石室内の様子

およそ一カ月の準備期間をへて、埋葬施設の調査を再開した。膨らみすぎた期待感とは裏腹に、石室羨道《せんどう》の入り口上部には人が侵入した跡がみつかり（**図12**）、灯明《とうみょう》皿《ざら》として使われた平安時代中ごろの土器が置かれていた。すでに開封されていたのである。

しかし、平安時代に進入して荒らした層の下は厚さ八〇センチほどの土砂で埋まっており、平安時代までに石室内部に土砂が堆積していたことがわかった（**図13**）。この堆積土は羨道から石室奥まで続き、その下から多くの副葬品が出土したのである。出土する堆積土はおおむね二層に分かれ、下層は石室の床面近く、上層は平安時代の攪乱面付近で、その間にほとんど遺物の出土しない層が介在している。

上層から出土した赤塗の土師器坏《はじきつき》の破片は、羨道・前室《ぜんしつ》・後室《こうしつ》で出土したすべての破片が接合し、ほぼ完形に復原できた。土師器坏の三分の二は後室の覆土《ふくど》上層にあり、羨道から出土し

図13 ● 石室内部の様子
石室内は湿度90％以上で、大半は土砂で埋まっていた。土砂の中から多くの副葬品がバラバラの状態で出土した（白くみえるのは遺物を入れたビニール袋で、出土位置を示す）。

た破片は灯明皿の近くにあった。金銅装《こんどうそう》大刀《たち》もこれと同じような出土状態を示し、後室上層の鞘尻《さやじり》と羨道攪乱層の大刀破片が接合している。甲冑《かっちゅう》の部品である小札《こざね》についても後室の上層と羨道、前庭部《ぜんていぶ》の攪乱層の遺物が接合した。これらの遺物の状況は、平安時代に侵入した者が副葬品を後室から引っぱり出したことを示すと考えた。

一方、下層の石室の床面近くからは、多量の小札・鉄製品のほか金銅製馬具、金銅製・銀製冠飾《かんしょく》などの主要な副葬品が出土した。その分布状況は上層の遺物群と同じように、後室から羨道まで散在した状態であった。

冠飾の残存部は、後室の玄門と石棺のあいだの床面近くで、床石の目地にはさまった状態だった（**図14**）。保存科学研究の永嶋正春氏・永嶋千鳥氏にとり上げ方法をご教示いただき、土砂と一緒にとり上げた。

さて、この分布状況をどうみるか。前室の右壁際や後室のしきみ石付近の床石上からまとまって出土した鉄製小札・金銅製馬具の一部などは、本来の副葬位置に残っていた可能性があるが、ほとんどの副葬品は本来置いた

図14 ● 金銅製冠飾の出土状況
正面の折り目がちょうど床石の目地にはまった状態で出土した。
まわりには外れた歩揺（ほよう）や銀冠の破片が散在していた。

と思われる位置からかなり広範に動いていた。平安時代以前、まだ石室内に土砂が堆積していなかったころにも、副葬品が持ち出されていたのである。しかし、金銅製馬具の中でもっとも見栄えのする杏葉《ぎょうよう》は前室内の後室玄門付近に残存し（図15）、後室の床石上には冠飾の主要部分が残存する状況は、一概に盗掘とは思えない。下層の遺物群がいつ、どのような事情で外に出されたのか、前庭部の遺物出土状況によって再びこの問題に直面することになる。

2　白壁の横穴式石室

大型の複室構造の石室

横穴式石室（図16）は、後円部南西側の下段のテラスに開口していた。石室の主軸は、墳丘の主軸とほぼ直交する。奥壁《おくへき》の位置は、後円部墳丘の中心と墳裾の中間よりわずかに墳丘中心寄りである。

後室の天井には幅二・五メートル×三・〇メートル以上、厚さ約四五センチの巨大な筑波石の板石を使っていて、側壁や門柱石《もんちゅうせき》も筑波石の板石を立てて組み上げている。筑波山麓から印旛浦まで、香取海を水運で六〇キロの距離を運んできたのであろう。

図15●金銅製杏葉・鉄製小札の出土状況
花弁形の2枚が杏葉。周囲には鉄製小札がまとまって出土した。写真上方は後室玄門前のしきみ石。

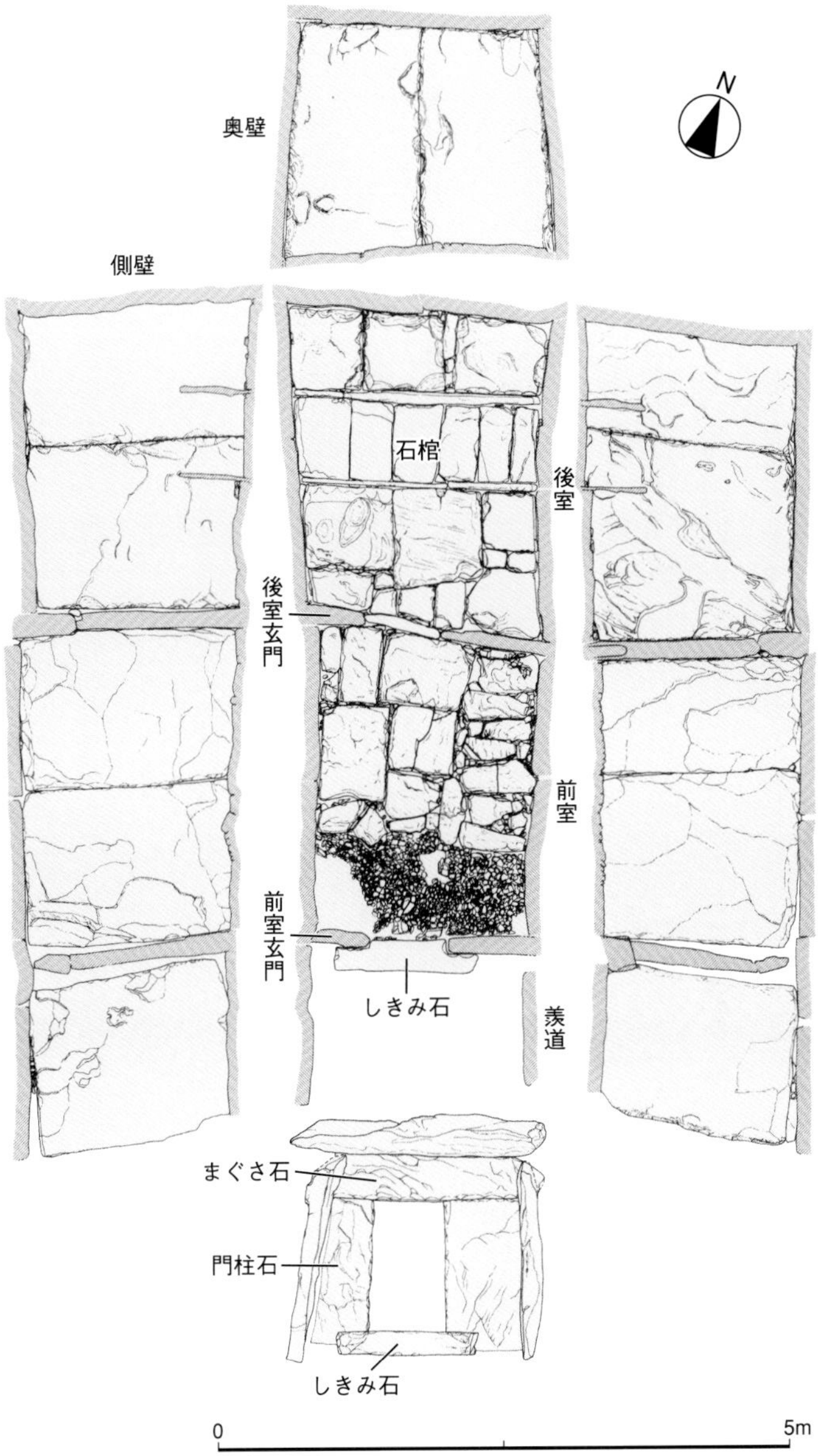

図16 ● 浅間山古墳の横穴式石室図
大型の板石を組み合わせた石室。床にも板石を敷きつめてある。

石室内部の全長は六・六メートル、幅一・九〜二・三メートル、高さは一・七〜二・〇メートルあり、この種の板石を用いた石室としては千葉県最大、筑波石の産出地域でも最大級である。石室は複室構造で、前・後室の入り口には玄門がある（図17・18）。龍角寺古墳群では箱式石棺や小規模な横穴式石室にもこの筑波石が使われているが、大型の複室構造の石室は、浅間山古墳のほかに例がない。

筑波石の原産地域に似た形態

玄門は板状の門柱石の上にまぐさ石を渡し、しきみ石をはめ込んだ構造である。前室のしきみ石は凸形に整形してはめ込むという筑波石にはまれな加工が施されており、閉塞石《へいそくせき》がこの上に置かれていたものと考えられる。

玄門の入り口部は高さ一・一〇メートル、幅〇・六メートルほどの、成人男性がようやく通り抜けることのできる大きさである。両室の玄門とも向かって右側の門柱石が幅広く、左側が極端に狭いため、入り口部は石室の中心線よりかなり左に片寄っている。両室とも平面形はややゆがんだ長方形で、前室の左壁が右壁より二〇センチ長いため、後室の玄門が斜めにとり付いている。このため石室全体が後室玄門でやや折れ曲がった形状になっている。しかし全体としては、後室・前室・羨道の幅がほぼ一定で、長方形に近い形態である。

この特徴は、筑波石の原産地域にある茨城県かすみがうら市の風返《かざかえ》し稲荷山《いなりやま》古墳や後続する折越十日塚《おっこしとおかづか》古墳（ともに墳丘長七〇メートルの前方後円墳）の石室に似ており、これらの古墳

図17 ● 前室の様子
白土を塗った巨石が迫る石室内部。左右のアンバランスな
狭い玄門を抜けて、写真奥の後室に入る。

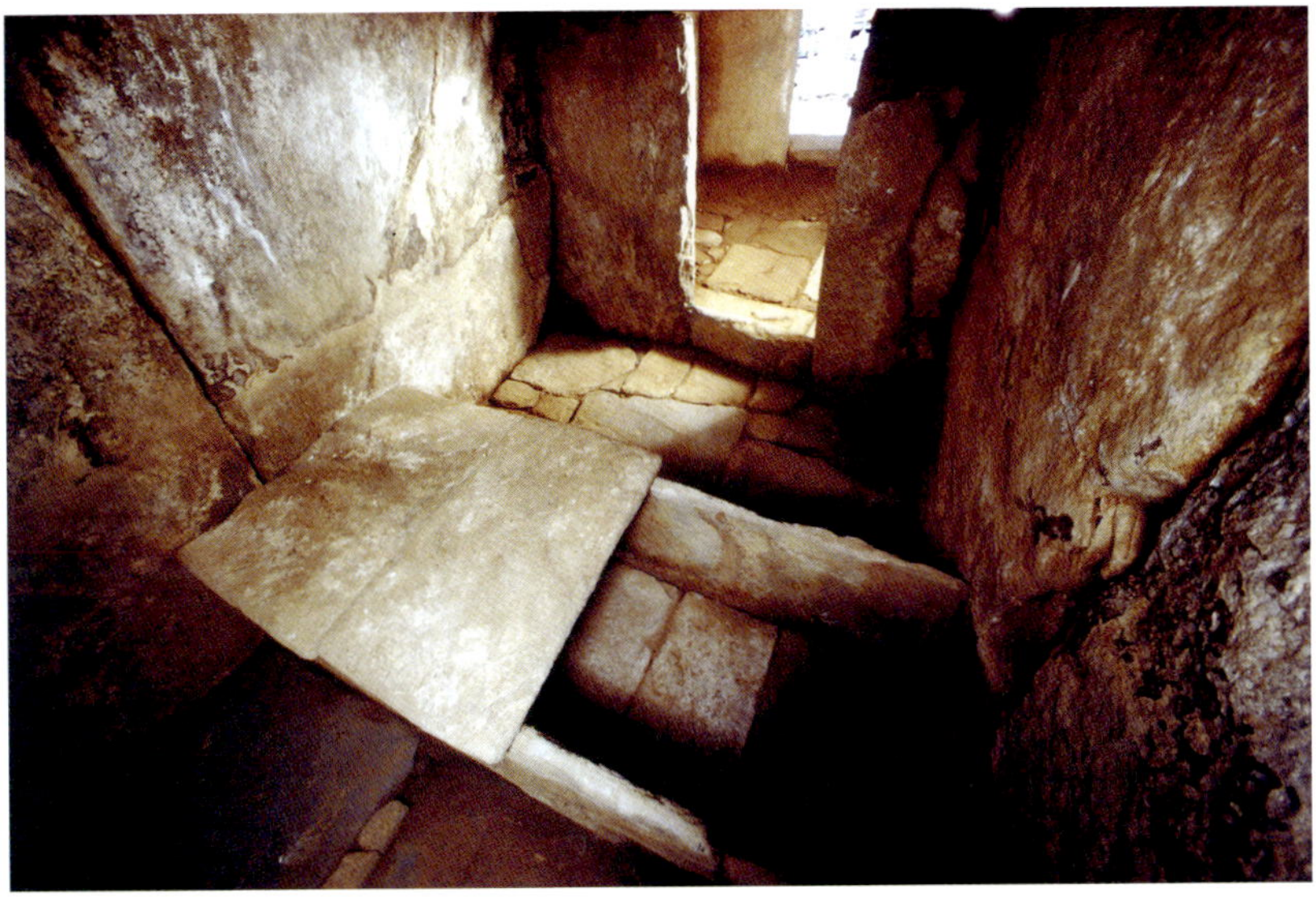

図18 ● 後室の様子
写真手前の奥壁寄り、左右の側壁の継ぎ目あたりに
石棺を組み込んである。

の石室の影響を強く受けているといえる。

また、石室内部の壁や門柱石を白土《はくど》（白色の粘土など）で白く塗っているのは注目すべき特徴である。白土の塗布は漆喰と同様の壁面の装飾効果を意図したものと考えられるため、彩色などの痕跡を精査したが、残念ながらそのような痕跡はみつからなかった。

未開封の石棺か？

前室の調査と並行して、後室内の様子を確認したところ、石室外から小型カメラで撮影した映像とはかなり状況が異なることがわかった。写真に映っていた「錆《さび》ぶくれのある副葬品」状のものは、ことごとく乳類の糞であることが判明した。動物学研究の浅田正彦氏によると、穴蔵に糞をためる習性のあるタヌキかアナグマの仕業ではないかという。これで、過度の期待は一気に吹き飛び、石室構造の解明に調査の主眼を置くことにした。

ところが、まもなく後室中央部の土砂の中に石棺があることがわかった（**図19**）。石棺の蓋は閉じられていることもわかり、ふたたび埋葬状態がそのまま残っている可能性が出てきたの

図19● 後室の石棺
4枚の蓋石で閉じてあり、あたかも未開封のようであった。

である。

後室の土砂を二〇センチほど掘り下げると、四枚の蓋石があらわれた。後室のほぼ中央で、横長につくりつけた石棺が土砂に埋もれていた。石室と同じ筑波石の板石を組み合わせた箱式石棺である。

蓋石や長側板には石室内部と同様に白土が塗られ、西小口の蓋石がわずかにずれていた。年明け早々に石棺の蓋石をはずしたところ、なかはほぼ空洞にもかかわらず、副葬品らしきものはまったくないことが判明した。またしても期待は裏切られた。

石棺内には榎《えのき》の実の殻と白い灰状のものが二センチくらいの厚さに堆積しているのみであった。「白い灰」を古環境研究の辻誠一郎氏に顕微鏡でみてもらったところ、竹笹類の灰である可能性が示されたが、特定はできないという。また、形質人類学の馬場悠司氏には動物の骨の灰であるかどうかの判断を委ねたが、植物質のものであろうとのことであった。調査成果の記者発表では、この「白い灰」の謎に注目が集まったが、その真相は不明である。

3　高貴な漆塗木棺

前室に漆膜の断片と鉄釘が散乱

前室では、漆膜《うるしまく》の断片が多量に出土した（図20）。当初、漆膜を土砂にまみれていた枯葉と混同していたため、ふるいによって回収したものが少なくない。比較的遺存状態のよい漆膜は、前室右奥部の側壁に沿った南北七〇センチ、東西二五センチの範囲を中心に、南北一四六・五センチ、東西一一五・五センチの範囲に分布し、垂直分布は床石から一〇〜四〇センチのあいだにある。これらはやや大型の漆器《しっき》である可能性も考えたが、量が多く、出土範囲が前室の副葬品出土位置とほぼ重なっていたため漆塗棺《うるしぬりかん》と推定した。

漆塗棺には、本体の素材によって夾紵棺《きょうちょかん》・漆塗籠棺《ろうかん》・漆塗木棺《もっかん》・漆塗石棺・漆塗陶棺《とうかん》があるが、浅間山古墳のものは直接木材に漆を塗り重ねた木地《きじ》漆塗棺であろう。漆膜は非常に薄く、布着せの痕跡もなく、漆膜調査をした永嶋正春氏は、ややケバ立ちを残したような木肌の仕上げ面に、さほどクロメられ（精製され）ていない漆を何回か塗り重ねたもので、漆製品としては上質のものではないという。しかし、漆膜の質感は、ヤマト王権の高級官僚か皇族の墓と推定されている奈良県の御坊山三号墳の漆塗陶棺の漆にもっとも近いという。

また鉄釘が出土したことも、この漆膜が漆塗木棺であることを示している。鉄釘には漆膜との関係から、木目が直交する二枚の板を貫いたものと、木目の同じ二枚の板に直角に打ち込ま

図20●漆膜の出土状況
土砂にまみれた漆膜の断片。大きなものは長さ約15cm、幅約9cm。

れたものがある。前者は上部の板に対して直角に打ち込まれ、頭部には遊離した漆膜と同様の樹脂が残る。後者の頭部にも樹脂がみられ、樹脂は木質部におよぶものもあり、これらが樹脂を塗る前に打ち込まれていたことは明らかである。

頭部が円形で漆状の樹脂膜がある釘と頭部が方形の釘の二種類が出土したが、この組み合わせは北武蔵の終末期首長墓である埼玉県行《ぎょう》田《だ》市の八幡《はちまん》山《やま》古墳の漆塗木棺の釘と同じである。八幡山古墳では、円形頭部の釘は金銅製で飾り釘、方形頭部の釘は隠し釘として使用されていた。浅間山古墳の釘は、円形頭部の釘は飾り釘ではないが、方形の釘は木質部に深く打ち込まれていたと推察されることから、八幡山古墳と同様に使い分けられていた可能性がある。

八幡山古墳の漆塗木棺は七世紀後半代の追葬時のものと推定されているが、出土した銅鋺《かなまり》・須恵器のフラスコ型長頸壺は七世紀前葉に位置づけられるもので、浅間山古墳の年代については第3章の副葬品

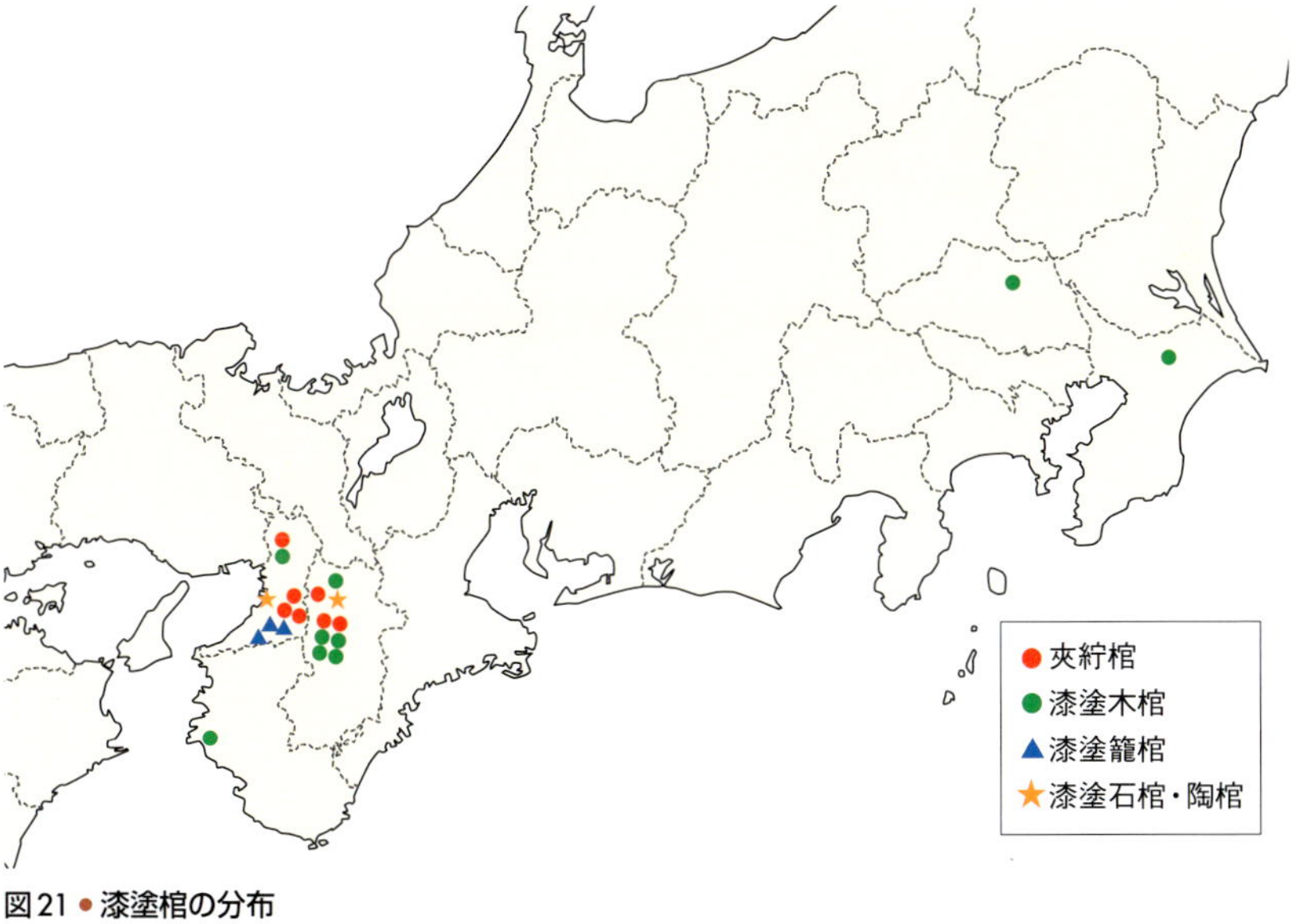

図21 ● 漆塗棺の分布
畿内に集中し、関東では浅間山古墳と埼玉県行田市の八幡山古墳の2例以外に出土例がみあたらない。

のところで述べるが、ほぼ同時期の大型円墳（墳丘径七四メートル）である。畿内では大阪府河南町のシショツカ古墳の漆塗籠棺が六世紀後半〜末葉にさかのぼる最古の例として報告されており、七世紀前葉の北武蔵と下総（「印波」）の首長墓に漆塗棺が用いられていることに齟齬はない。図21に示したように、漆塗棺の事例はかなり限られており、王権内で伝承された技術によって大和でつくられ、配布されたものと考えられている。関東の事例は王権との直接的なつながりを示唆しているといえよう。

4　前庭部の様子

前庭部は、石室掘り方の開削と同時に構築されている。その工程はかなり複雑で規模が大きい。まず、前庭部の構築に先だって、くびれ部寄りに直径六・五メートルほどのすり鉢状の土坑を掘削し、土坑から石室の正面を横断する溝を掘っている。

この土坑と溝から出土遺物はなく、これらの用途は不明だが、黒土と明るい赤土を交互に重ねてていねいに埋め戻した後、前庭部を開削して整地している。これは寺院や宮殿の建築に用いられた版築《はんちく》工法に類する手法である。前庭部の西端では、須恵器の平瓶《ひらか》が整地層に据え置かれたように出土した。

前庭部と羨道入り口部では、一八〇〇点近くの遺物が出土し、脆弱な遺物が多いためとり上げに一カ月以上を要した。もっとも特徴的なのは、鉄製小札を主体とする武具・武器・馬具の出土状況である。

鉄製品は、天井石の上面から出土しはじめ、前庭部を掘り下げるにしたがって遺物の数と種類は増し、整地面に達するまでには一四〇〇点近くにおよんだ。そのうち、約九〇〇点が鉄製小札である。原形を保つものはごくわずかで、とくに小札と大刀は小片が大半を占めている。

その分布状況をくわしくみると、上層・下層とも石室の後室から前庭まで一面に遺物が散在した状態で、前庭部では下層の分布範囲が上層よりはるかに広範になっている。また、下層には金銅製馬具、銀製飾り金具、銀装捩《ねじ》り環頭《かんとう》大刀《たち》など主要な副葬品を含んでいる。鉄鏃は石室入り口の右側に集中する傾向があり、比較的原形を保つものが多く、方向を違えて重なるように出土した。

これらの出土状況は、盗掘による仕業としては手が込みすぎている。最終的な埋葬後あまり時を経ない時点で、石棺・石室内の副葬品をとり出し、破砕する行為があった可能性も考えられる。

図22 ● 前庭部の発掘状況
写真奥が石室側、右手上方に羨道の天井石がみえる。バラバラになった鉄製小札や武器の破片が一面にひろがっていた。

第3章　浅間山古墳の副葬品

1　古墳時代の伝統的な組成と仏教美術の影響

浅間山古墳で出土した副葬品は、以下のとおりである。

冠二種　金銅製冠飾《こんどうせいかんしょく》、銀製冠《ぎんせいかん》

装身具など　銅地金薄板《どうじきんうすいた》巻《ま》き耳環《じかん》（一対）、金銅製装身具（笄《かんざし》か、一点）、金銅製透彫《すかしぼ》り飾《かざ》り金具（棺飾《かんかざ》り金具か、一点）、銀製透彫り飾り金具（一対）（**図23**）

武器・武具　鉄地銀被《てつじぎんかぶ》せ捩《ねじ》り環頭大刀《かんとうたち》（一本）、銀装小刀（一本）、金銅装環付《こんどうそうかんつ》き足金物付《あしかなものつき》大刀《たち》（一本）、金銅製鞘尻金具《さやじりかなぐ》（一点）、鉄製刀装具《とうそうぐ》（六点）、金装弓（一点）、弓の鋲飾《びょうかざ》り金具（一〇点）、鉄鏃（六六〜八四点）、鉄製挂甲小札《けいこうこざね》（一領分、六二六〜六七二枚）、鉄製胡籙《ころく》（靫《ゆき》）金具（一五点）（**図24**）

馬具　金銅製毛彫《けぼり》馬具は、杏葉《ぎょうよう》（一対）、辻《つじ》金具（二点）、方形帯先《ほうけいおびさき》金具（一点）、爪形《つめがた》金具（一二点）、金銅製円形金具（九点）、花形金具（一点）、卵形金具（二点）／鉄製馬具は、轡《くつわ》（一点）、鐙《あぶみ》金具（一点）、鉸具《かこ》（一二点）、両頭《りょうとう》金具（二点）

利器　刀子《とうす》（五点）、工具（二点）、斧（一点）

釘　鉄製釘（四六点）

土器　土師器坏、須恵器平瓶、須恵器長頸壺口縁部

装飾品と武器・武具、馬具が中心で、きわめて古墳時代的な副葬品の組成であるという印象をもつ。しかし冠と金銅製毛彫馬具に象徴されるように、おもな副葬品は古墳時代後期後半（六世紀後半代）に大型化・加飾された和製の副葬品群とは一線を画した新しい段階のものである。

金銅製透彫り飾り金具、銀製透彫

図23 ● 金銅製・銀製の飾り金具
上：銀製の花形飾り金具。6枚の花弁と子葉の表現があり、蓮の花をモチーフにしたものであろう。
下左：忍冬唐草文を透彫りした金銅製の飾り金具。下中央：唐草文の毛彫文様をもつ円形金具（馬具）、下右：弁とみられる金銅製装身具。

り飾り金具の文様は飛鳥時代の仏教美術の影響が色濃く、七世紀前半代の製品が主体を占めると考えられる。一方、鉄地銀被せ捩り環頭大刀をはじめ、大刀類には比較的古い要素がみられ、これらは七世紀初頭に入手した可能性がある。

鉄鏃は根挟式《ねばさみしき》の広身有舌鏃、有頸の短頸鏃・長頸鏃の三種の実用的な型式の組み合わせで、根挟式の有舌鏃は長三角形、短頸鏃は三角形、長頸鏃は片刃の鏃身をもつ。片刃は刃部の範囲が曖昧で切先だけに刃をつけたものが多く、切先には

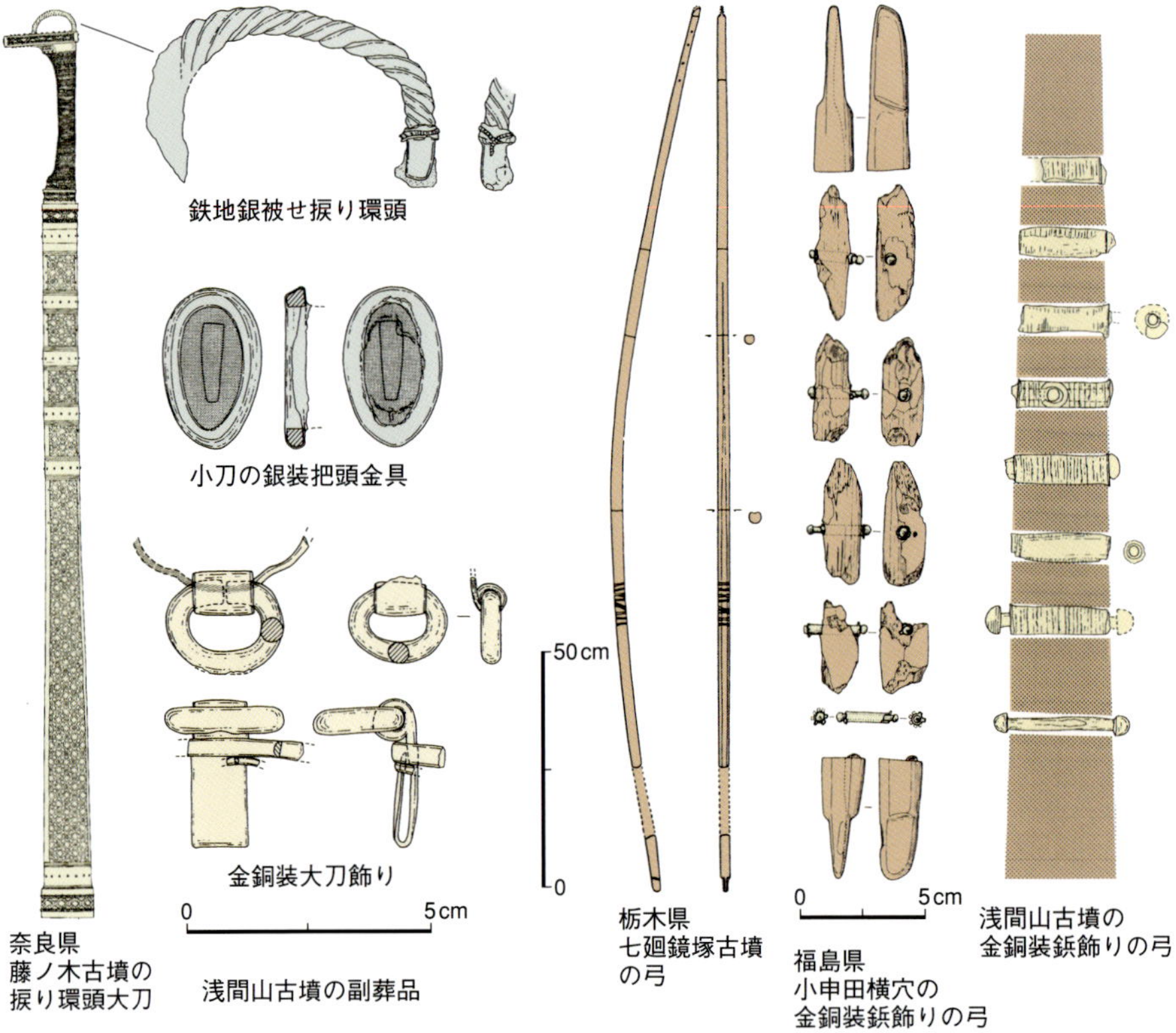

図24 ● 武器と武具

左：捩り環頭大刀や小刀の把頭は銀で飾られている。また、鞘口の環付足金物や鞘尻金具を金銅で飾った大刀の装具もある。

右：弓の弭（ゆはず）には金箔または金泥を被せ、金銅製の鋲飾りを7～8本装着していた。

ふくらのあるものと直線的なものがあり、棒状部は細く長い。七世紀前半代にみられる組み合わせであるが、有舌鏃・有頸鏃とも七世紀中葉以降にさらに短小化・軽量化するため、七世紀前半代に納まる型式であると考えられる。

鉄製挂甲小札は胴丸式《どうまるしき》挂甲の一領分と推定でき、連結技法・綴《とじ》付《つ》け縅《おどし》技法は六世紀末葉にさかのぼる木更津市の金鈴塚《きんれいづか》古墳の製品にもみられることから、初葬にともなう可能性がある。

2　金銅製・銀製の冠飾

金銅製の冠飾

浅間山古墳の被葬者の性格を知るうえでもっとも注目されるのは、金銅製の冠飾である（図25）。連珠文《れんじゅもん》と忍冬唐草文《にんどうからくさもん》の透彫り文様の立飾《りっしょく》で、円形の歩揺《ほよう》がついている。左右対称の透彫り板を中央で折り曲げ、尖縁式《せんえんしき》の冠帽《かんぼう》正面につけたものとみられる（図26）。

この冠飾の内側や周辺では、大鋸屑《おがくず》のような植物質の遺物や太い毛糸状のかた

図25 ● 浅間山古墳出土の金銅製冠飾
透彫り飾り板を中央で折り曲げた立飾。中央部に壺形の透かしが縦列し、左右対称に連珠文と忍冬唐草文が展開する。文様のあいだに円形の歩揺をとり付けた小孔がある。

まりが出土していることから、冠帽本体は布や毛糸といった素材でつくられていたと推定される。大鋸屑状の有機物とともに出土した木質はスギ・ヒノキで、冠帽の木芯に用いたのであろうか。立飾は冠帽の裾の折り返しに差し込み、歩揺のつかない下端部（高さ一・七センチ）が隠れるようにとりつけられていたものと考えられる。

復元図（**図26**）では、冠帽裾の折り返しに六弁花文の刺繍を想定した。これは、連珠文と忍冬唐草文の立飾をもつ法隆寺金銅釈迦三尊像脇侍《わきじ》や百済観音の宝冠額飾《ほうかんひたいかざ》りをもとに想定したものである。また、六弁の花文は当古墳出土の銀製飾り金具のモチーフでもある（**図23参照**）。

法隆寺仏像の宝冠類と関連した文様は、千葉県木更津市にある松面《まつめん》古墳の出土品にもみられる。四弁の花文を透彫りした金銅製の方形金具が八枚出土しており、四隅と周縁に綴孔があるため、冠帽に綴じ付けられた額飾りと考えられる（**図37参照**）。四弁の花文は、法隆寺夢殿救世観音の宝冠額飾りにみることができる。松面古墳は上総《かずさ》国望陀《もうだ》郡域最大の終末期方墳で、浅間

図26● 金銅製冠飾の装着復元図（竹井眞知子画）
高い尖縁式の冠帽は6世紀後葉〜末葉の古墳から出土した房総の武人埴輪から復元した。金銅製の冠飾は、当時の服制で最高位につぐ材質であった。

山古墳ともども、飛鳥仏の宝冠の透彫り花文が時代を象徴する文様として、房総の首長の冠飾に用いられていることに注目したい。

銀製の冠飾

銀製の冠飾は腐食が著しく、断片的な資料であるが、福岡県鞍手《くらて》町の銀冠塚《ぎんかんづか》古墳出土の冠によってその全容を知ることができる（図27）。銀冠塚古墳の冠は、頂部に宝珠文《ほうじゅもん》を配した二等辺三角形の忍冬唐草文立飾を細帯状の帯金にとりつけており、帯金には結節連珠《れんけつれんじゅ》文《もん》の透彫りがある。これから推定して浅間山古墳の冠は、幅の狭い鉢巻き状の帯金に、猪目文《いのめもん》の透かしをもつ宝珠形の中心飾りと連珠

図27 ● 浅間山古墳出土の銀製冠とその類例
宝珠文を冠した立飾、帯金とも、連珠文と忍冬唐草文の透彫りで構成された銀冠は、この３例に限られる。飛鳥時代のほかの金工品にはみられないていねいなヤスリ掛け仕上げも共通した特徴だ。

文・唐草文で構成される立飾がつく形態が想定される（図28）。

この浅間山古墳と銀冠塚古墳の冠は、文様構成・透かし文様の幅・断面蒲鉾形の形状も類似し、同工の製品かと思われる。中心飾り・透彫り文様とも細部は異なるが、この二例が国内・朝鮮半島の例を含めて唯一同形式の例である。

また茨城県土浦市の武者塚《むしゃづか》古墳出土の銀製透彫り帯金具も同種の冠に加えることができる。武者塚古墳例は立飾を欠いているが、帯金の中央部に唯一の宝珠形の透彫り文様を配し、これを中心に帯の縁に三鋲をうがっている。おそらく、この部分に立飾をとり付けたものと思われる。

図28 ● 銀製冠の装着復元図（竹井眞知子画）
この人物像も房総の埴輪群像をもとにしているが、朝鮮半島の百済地域の影響を反映した装束を想定した。

百済由来の可能性

これらの銀冠について東京国立博物館の三田覚之氏は、透彫り文様の蒲鉾型断面の曲線は、法隆寺献納宝物の灌頂幡《かんじょうばん》（寺院の内外を飾る荘厳具《しょうごんぐ》）などの飛鳥時代の金工作品にみられない特徴であり、タガネや糸鋸で文様を彫り透かした後、ていねいにヤスリ掛けした結果であるという。そして、こうした技術や七世紀の美術に通常みられない銀を素材に選択したことに、宝珠形の中心飾り来歴も含めて百済由来の可能性を指摘している。

このことは先にみた金銅製の立飾の出自とも関連する。この種の立飾は、朝鮮半島西南部の百済地域に集中して分布する銀製立飾に系譜が求められるからである。

百済の銀製立飾は、先端に宝珠文をもち、左右対称に二本ないし一本の枝を伸ばした樹枝文で構成されている。また、新羅地域大邱《テグ》の漆谷松林寺《チルゴクソンリムサ》出土品の鍍金《ときん》銀製立飾は、左右対称に折れる樹枝状の忍冬唐草文で構成される。軸の形態が百済地域の出土例とよく似ており、同様の冠帽に綴じつけられたものであろうか。

百済地域の出土例は六世紀中ごろ～七世紀初頭に、新羅・松林寺例が七世紀前半に位置づけられ、百済地域から周辺部に波及したことがう

金銅釈迦三尊像西脇侍像宝冠

金銅釈迦三尊像東脇侍像宝冠

小金銅仏1号菩薩立像宝冠

小金銅仏155号
弥勒菩薩半跏像宝冠

百済観音宝冠

図29 ● 法隆寺の仏像宝冠
宝冠正面の三角形の立飾に蓮華文や宝珠文を冠し、連珠文で縁どりしたデザインは、浅間山古墳などの銀冠に共通している。また、百済観音宝冠の帯金の花形モチーフは、木更津市の松面古墳で出土している（図37参照）。

かがえる。現在のところ、これらと浅間山古墳の金銅製立飾の系譜をつなぐ資料はみいだせないが、東国の代表的な首長墓に新羅地域とほぼ時を同じくして類似した立飾が波及していることに注目したい。

一方の銀製帯冠の系譜は、鞍手町の銀冠塚古墳例にみるとおり、法隆寺の仏像宝冠との関係が濃厚である（**図29**）。金銅製の帯冠に類例を求めると、火炎状の忍冬唐草文立飾をもつ福岡県福津市の宮地獄《みやじだけ》古墳出土例をあげることができる。宮地獄古墳例は立飾が五枚と推定されており、帯にも唐草の透彫り文様が用いられている。これに類する例には北朝鮮の清岩里土城《チョンガンニトソン》から出土した金銅製帯冠があり、両脇には垂飾がつく。清岩里土城例は寺院跡から出土したことから、仏像宝冠そのものとの見解がある。このように、この種の冠には古墳時代中・後期の冠の影はほとんどなく、飛鳥仏の宝冠に象徴される当時の仏教文化を表象したものといえよう。

3　金銅製馬具

止利派が関与した毛彫り馬具

浅間山古墳の副葬品のうち、まとまった資料として古墳の性格を特徴づけているのは金銅製の毛彫り馬具である（**図30**）。杏葉（二点）・辻金具（二点）・円形金具（八ないし九点）・花形金具（一点）・爪形金具（一二点）・方形金具（六点）・卵形金具（二点）があり、花形と卵形を除いて毛彫り文をもつ。

この金銅の薄板づくりの馬装は、前代の鉄地金銅貼《てつじこんどうばり》馬具とは異なる新たな技術系統の製品として分類・編年されている。これは出土した群馬県の古墳名から「道上型《みちがみがた》」毛彫馬具とよんでいる。六世紀以降の馬具製作には、鞍作りと仏師がともにかかわっていると想定されている。鞍作止利《くらつくりのとり》に代表される「止利派」は、推古朝における中心的な仏像製作者集団として飛鳥寺本尊・法隆寺本尊を造像したことで知られるが、金銅薄板造りの馬装には彼らの関与が想定される。とくに、仏教色が強まった七世紀代の道上型馬具は仏教美術の担い手によって製作された可能性が高く、新たな時代の息吹を反映した古墳時代最後の馬具といえる。

毛彫り馬具の変遷と浅間山古墳馬具の位置

道上型毛彫り馬具は、成立初期には透彫り文様を切り抜く技法が用いられているが、しだいに透彫りを残

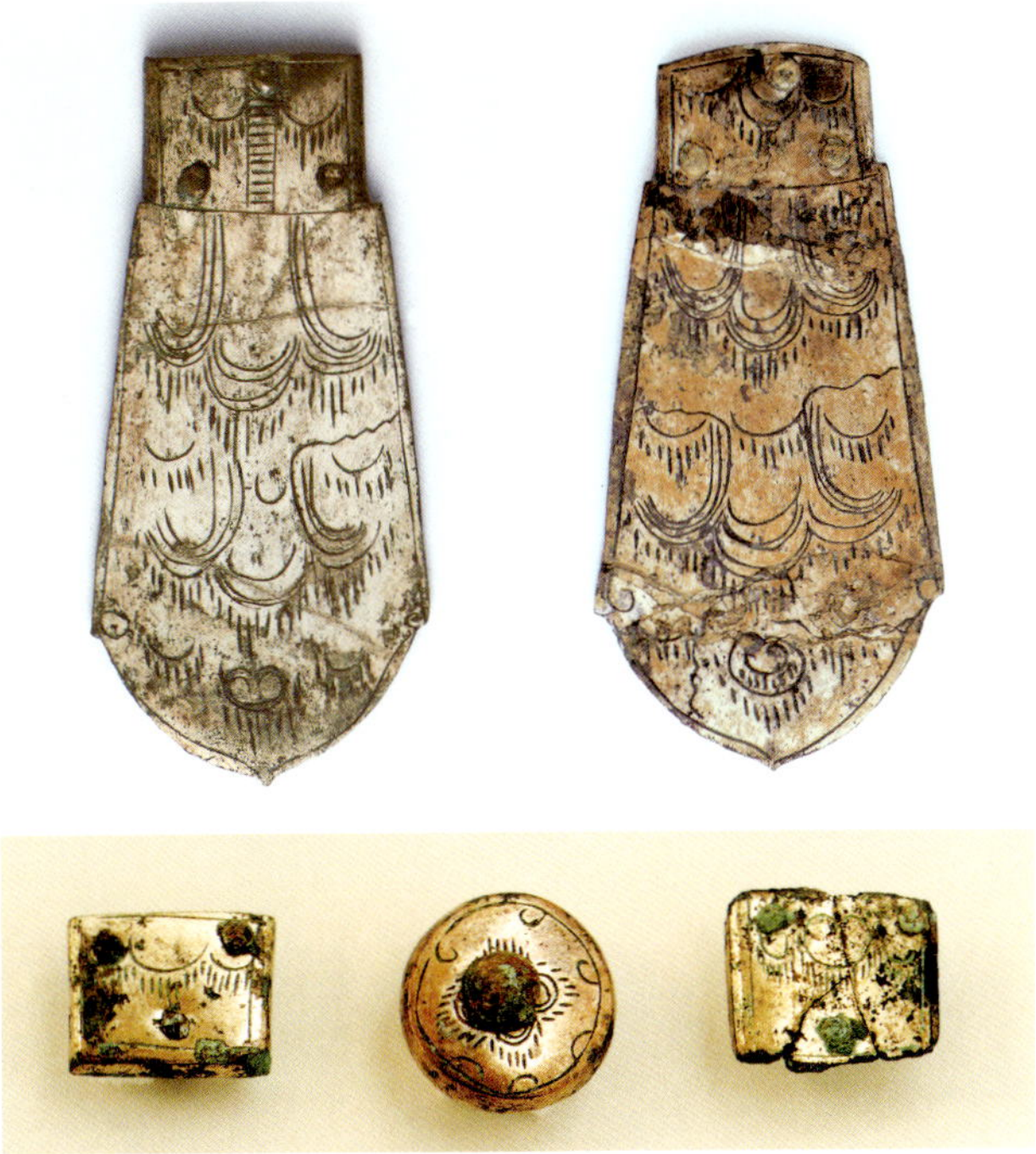

図30 ● 浅間山古墳出土の杏葉と辻金具・方形帯先金具
上：花弁形の杏葉2枚は文様が異なるが、主たる文様には芝草文と光芒をあらわす多条線が描かれている。
下：中央の辻金具の中心文様は蓮華文を意図し、花弁のまわりに光芒文が施されている。左右の方形金具にも光芒文がみえる。

しつつも大半を線彫りするようになり、やがて線彫りだけに変化する。この線彫りになった段階で文様は多様化し、同時に退化と省略化がはじまる。このような道上型毛彫馬具の変遷は四期に分かれ、浅間山古墳の馬具は二期に位置づけられる（図31）。

Ⅰ期の製品は、群馬県前橋市の道上古墳出土の馬具が基準資料だが、法隆寺献納宝物の馬具を最古とする蓮弁形の杏葉もこの段階の資料である。これは法隆寺に伝わる七世紀代の金工品でもっとも古い一群に属し、道上型毛彫馬具の初現にかかわる製品とも考えられる。

これらの法隆寺系透彫り文様をもつ蓮弁形杏葉は連続した短期間の変化が追え、いずれも群馬県（上毛野《かみつけぬ》）の例であることから、法隆寺を建立した上宮王家《じょうぐうおうけ》と上毛野の関わりの深さがうかがわれる。

Ⅱ期には、Ⅰ期の透彫りが毛彫りに置き換わるが、この変化は製作者が渡来系工人から倭系工人に移行したことを示すと考えられる。杏葉頭部が山形で正三角形に鋲を配置するA系と、頭部が直截され逆三角形に鋲を配置するB系がみられる。A系初期の代表例には長野県佐久市の東一本柳《ひがしいっぽんやなぎ》古墳のものがある。杏葉の本体上段には一対の蛇行光（稲妻）表現があるのも特徴で、浅間山古墳の杏葉にもみられる。

直截頭部に正三角形の鋲配置である浅間山古墳の杏葉はA・B折衷形の形態であるが、芝草《しばくさ》文《もん》系の主文を用いた毛彫りのみの文様構成が東一本柳例に類似し、Ⅱ期の製品に位置づけられる。杏葉下端や方形金具に猪目文をもつなど多様な文様要素が混在し、辻金具の蓮弁がかなり退化するなど、東一本柳よりやや新しい要素がみいだせる。

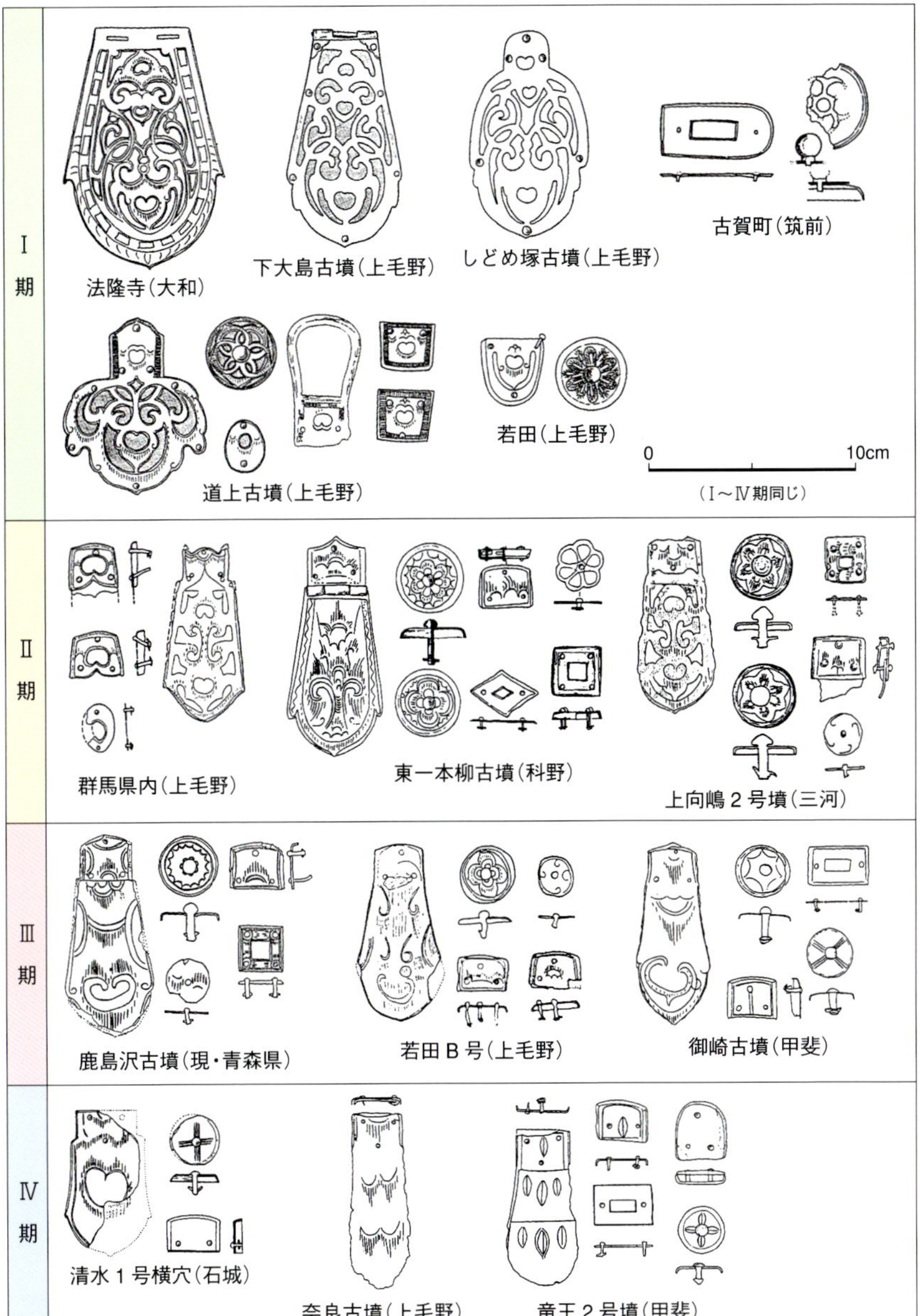

図31 ● 道上型馬具の変遷
飛鳥時代の限られた時期につくられた。透彫りした文様から、しだいに線彫りが加わり、やがて線彫りだけになる。飛鳥時代の仏教美術に共通する要素が描かれている。

その後、全般に文様の退化・変容が進行し、辻金具では蓮弁文が弧文、さらには十文字の条線文になり（Ⅲ期）、最後には毛彫り文様もなくなる（Ⅳ期）。

道上型毛彫馬具の実年代について田中新史氏は、Ⅰ期の初現を法隆寺例に求め六〇七年（推古一五）の斑《いか》鳩《るが》寺《でら》金堂薬師堂完成ごろとし、四期の存続期間を飛鳥時代の土器の編年による飛鳥Ⅲの六六〇年代前半に納める見解を示している。しかしその後、飛鳥Ⅱの終わりを飛鳥水落《みずおち》遺跡の下限である六六七年にまで下げ、飛鳥Ⅲの下限を六八〇年前後に置く見解が出されて、飛鳥Ⅲの実年代比定には二〇年ほどの相違が生じている。道上型毛彫馬具の年代は、飛鳥Ⅲを六五〇～六七〇年前後とする従来の見解にもとづけば、六〇七～六六〇年前後にわたる約五〇年間、後者の土器

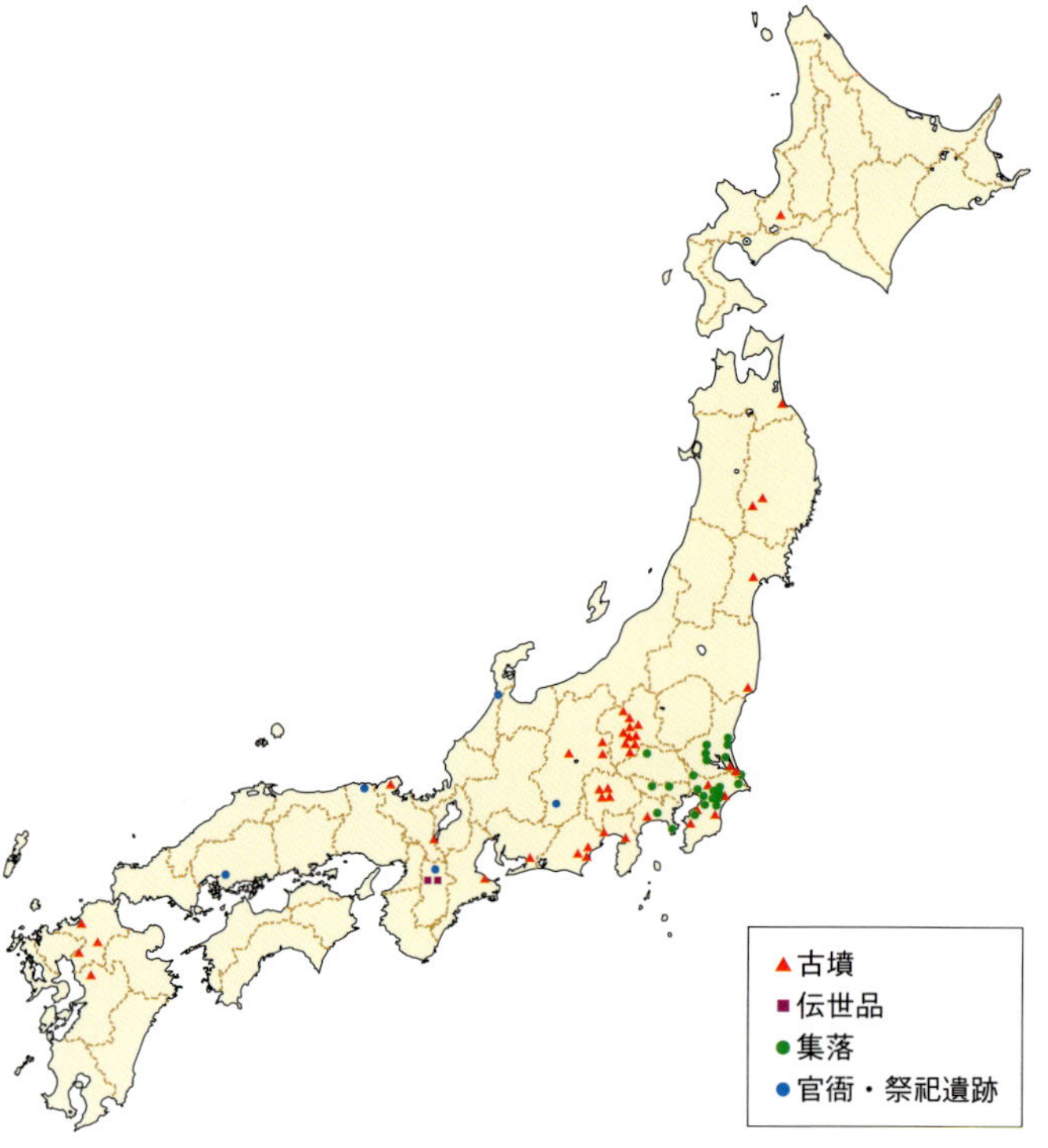

図32● 道上型馬具の分布
東日本に偏在し、古代の東海道・東山道沿いに集中する。なかでも駿河から常陸にかけての地域と上毛野（群馬）の分布が他を圧倒している。

編年によれば六八〇年前後までの約七〇年間に位置づけられる。浅間山古墳の毛彫馬具は、上記のように、Ⅱ期の倭系工人による製作がはじまった段階、すなわち六一〇〜六三〇年代に相当する。

また、道上型毛彫馬具の分布では、図32の地図のように、近畿や北九州に散在するが、多くは東国に集中していることが特徴的である。この点については、後章でほかの要素も含めて検討しよう。

4　いつ築造・埋葬されたのか

さて、毛彫馬具からは六一〇〜六三〇年代という年代観がえられた。ほかの副葬品はどうだろうか。

石室内から出土した土師器坏（図33上）と須恵器長頸壺の口縁部は、馬具の副葬にともなう資料と考えられる。年代を推定するにはきわめて限られた資料であるが、土師器坏は口径八・六〜八・八センチ、器高三・七センチという小型で、深い特徴的な形態と光沢のある磨き仕上げは、飛鳥Ⅰ後半の小型丸底坏C類の影響を反映している。また、口縁直下に断面三角形の突帯をもつ須恵器長頸壺口縁部は、同時期の静岡県西遠地方の湖西窯《こさいよう》の製品とみられる。

他の副葬品も、七世紀第1四半期〜第2四半期に位置づけられるものが主体を占め、倭風大《わふうた》刀柄頭《ちつかがしら》につく銀装捩り環頭などの金銀装大刀類は七世紀初頭に入手した可能性が高い。供献土器のうち、前庭部西端に置かれていた須恵器平瓶（図33下）が浅間山古墳の下限を示す資料と考えられる。肩部が高く、口頸部が細く高い形態と胎土の特徴から七世紀中葉の湖西窯の製品とみられる。

横穴式石室の構築年代については、後期から用いられている筑波石の横穴式石室であることから、当地の終末期方墳に用いられる貝化石を多く含む砂岩の石室より先行することは確かである。材質や型式の異なる二つの冠があり、前室にも埋葬された痕跡があることから、少なくとも被葬者は三人とみられる。

以上、副葬品や横穴式石室から推定される最初の埋葬年代は七世紀第1四半期で、追葬は七世紀第2四半期を中心におこなわれ、最後の埋葬ないし墓前供養がおこなわれたのが七世紀中葉となろう。墳丘と横穴式石室の築造は、埋葬に先立つ六世紀末葉〜七世紀初頭にさかのぼると考えられる。

図33 ● 浅間山古墳出土の土師器と須恵器
上の石室内から出土した土師器坏が最初の埋葬にともなうもので、下の須恵器平瓶は追葬か墓前供養に用いられたものであろう。

第４章　地方豪族の発展

１　大型前方後円墳の隆盛

塗り変わる主要古墳の列島分布図

六世紀終わりになると、古墳時代の象徴であった前方後円墳が近畿地方の中心部でいっせいに築かれなくなり、まもなく西日本一帯で造営が停止する。

ところが関東地方では、このころから古墳が大型化し、古墳時代を通じて副葬品がもっとも充実する時期を迎える。後期後半になって墳丘長一〇〇メートルを超える前方後円墳がはじめて出現する地域もあり、列島における主要古墳の分布図が塗り変わるのである（**図34**）。

六世紀前半から七世紀初頭の墳丘長六〇メートル以上の前方後円墳の数を調べてみると、西日本が一一六基であるのに対して、東海地方を含めた東日本では二三九基と二倍以上になる。

また、畿内だけでみると三九基なのに対して、関東地方（相模《さがみ》・武蔵《むさし》・上総《かずさ》・下総《しもうさ》・安房《あわ》・

常陸《ひたち》・上野《こうずけ》〈上毛野《かみつけぬ》〉・下野《しもつけ》〈下毛《しもつけ》野《ぬ》〉からなる後の板東八国に相当する地域）では二〇〇基にものぼる。さらに時期を六世紀後半以降に限定すると、関東地方では六五基確認でき、畿内一一基の六倍におよんでいる。また、この時期の墳丘長一〇〇メートル以上の大型前方後円墳は、関東地方に三三～三五基あり、畿内一七基の二倍に達する。関東各地で埴輪樹立終息後に築かれた大型前方後円墳が確認されており、七世紀前半まで埋葬がおこなわれた古墳も少なくない。

こうした関東地方の大型前方後円墳は、畿内の大王や有力豪族の墓に匹敵する規模をもっている。なかでも上毛野と上総・下総が卓越し、群馬県高崎市の観音塚《かんのんづか》古墳や綿貫観音山《わたぬきかんのんやま》古墳、千葉県木更津市の金鈴塚古墳では、王族や中央の有力豪族の墓に迫る豪華な副葬品が出土するのである。

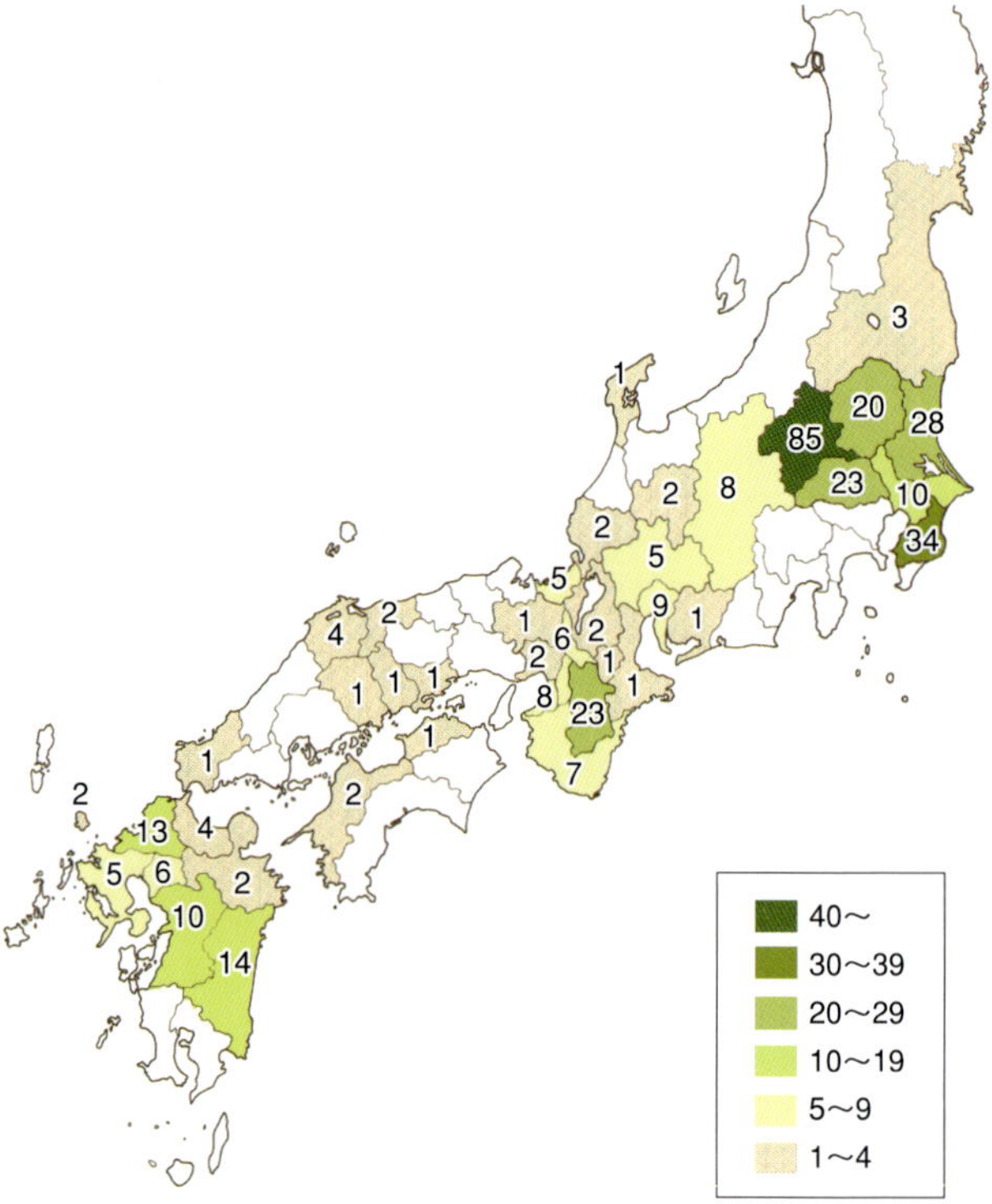

図34 ● 後期大型前方後円墳の分布
6世紀前半以降の大型前方後円墳は、現在の群馬県はじめ関東地方に分布の中心が移る。

上総・下総の大型前方後円墳

上総・下総では、四地点で大型前方後円墳が築かれている。東京湾沿岸南部、小糸《こいと》川流域の三条塚《さんじょうづか》古墳（墳丘長一二二メートル）、小櫃《おびつ》川流域の金鈴塚古墳（墳丘復原長一〇〇メートル）、太平洋側、九十九里沿岸の大堤権現塚《おおづつみごんげんづか》古墳（一一七メートル）、そして下総の印旛沼沿岸の浅間山古墳（七八メートル）である（図35、図3も参照）。

埋葬施設はいずれも横穴式石室だが、用いている石材や石室の構造はそれぞれ異なる。金鈴塚古墳は磯石《いそいし》の切石積単室無袖型《きりいしづみたんしつむそでがた》で、玄室内に緑泥片岩の箱式石棺を置いている。三条塚古墳は転石（磯石）積の単室無袖型と推定される。大堤権現塚古墳は軟質砂岩の切石積複室構造。そして浅間山古墳は、第3章でみたように、筑波石を使った板石組の複室構造である。

このように上総・下総の横穴式石室の特徴は、畿内型の巨石巨室構造ではない点である。畿内の影響が希薄なのである。同時期の上毛野の主要な石室が畿内型石室の影響を直接的に受け、石室内に刳《く》り抜き式石棺を置いているのとは明らかに異なる。この違いは、ひとつにはヤマト王権との関係の違いがあらわれていると考えられるが、一方で、上総・下総は良質な巨石が入手困難であることが大きく関係していると思われる。周辺地域との交流圏を通じて、転石（磯石）・板石・軟質石材などを調達し、それぞれの石室構築技術を導入したのであろう。

さて、上記の四古墳は、それぞれの古墳群に築かれた最後の大型前方後円墳である。その地域を「国造本紀《こくぞうほんぎ》」記載の国造領域を比定するならば、「須恵《すえ》」「馬来田《まくた》」「武社《むさ》」「印波《いんば》」に該当し、後の周淮《すえ》郡・望陀《もうだ》郡・武射《むさ》郡・印旛《いんば》（幡）郡に対応する。つまり、四古墳はそれぞれの国

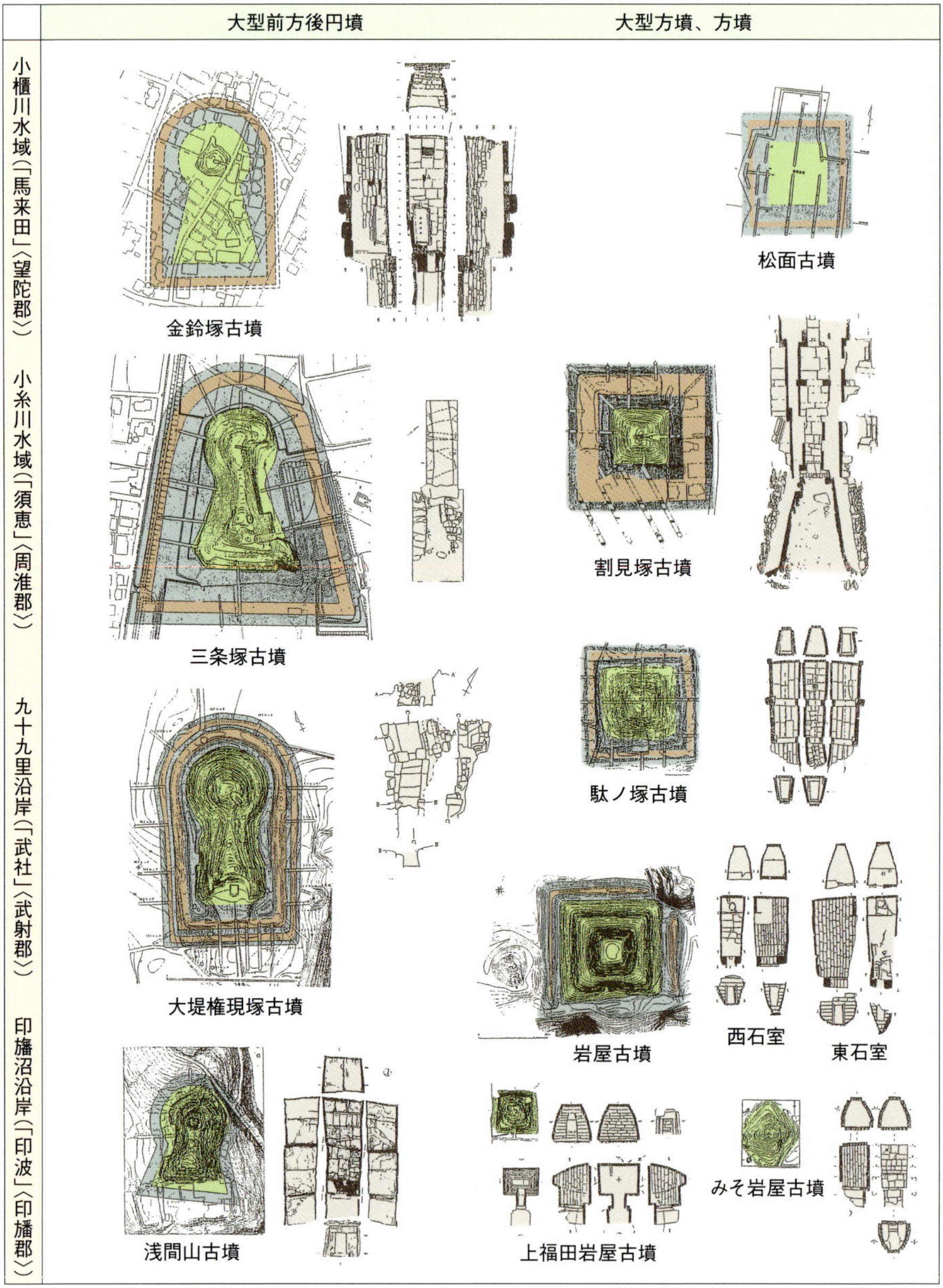

図35 ● 房総の終末期大型前方後円墳と方墳

房総では4つの地域に埴輪終焉以降の大型前方後円墳があり、それぞれ終末期の大型方墳に移行する。これらの地域が文献にみえる4国造の領域に対応すると考えられる。

造領域で周辺には例をみない規模を有する、広域首長墓といえるであろう。

2　終末期大型方墳・円墳への展開

以上のように、埴輪を樹立しなくなった段階の上総・下総では、主要国造領域に大型前方後円墳がそろって出現している。四古墳は横穴式石室の石材と構造は異なるが、長方形の玄室形態などに共通した設計規格が認められ、同じ方向性をもった造墓活動と考えることができる。しかし、大型古墳の墳形が方墳あるいは円墳に転換すると、再び地域ごとに独自の動きがはじまり、石室の型式に地域差が出てくるようになる（**図35**）。

周淮郡域の大型方墳・割見塚古墳

周淮郡域の小糸川流域では、兆域《ちょういき》の拡大を意図する二重周溝をめぐらした大型方墳の割見《わりみ》塚《づか》古墳が三条塚古墳につぐ首長墓であろう。墳丘の一辺は四五メートル、周溝を含む規模は一〇七メートル四方におよぶ房総最大規模の終末期方墳である。

石室は精美な切石積の複室構造で、奥に棺室をもつ特徴的な構造である。奥行き三・八メートルの羨道部をもつ石室の全長（奥の棺室を除く）は九・三メートルにおよぶ。後室・前室ともほぼ方形で、両室を合わせた玄室の全長は五・一メートルである。馬具・刀装具・土師器などの副葬品からみて、築造時期は七世紀前半代と考えられる。

望陀郡域の大型方墳・松面古墳

望陀郡域の小櫃川流域では、墳丘が一辺四四メートルで二重周溝をもつ大型方墳の松面《まつめん》古墳が造営される。石室は南東に開口する横穴式石室で、海食孔《かいしょくこう》のある砂岩（磯石）の切石を積み上げたものであった。玄室は方形であったことが記録されているが、発掘当時の図面は未発見である。

金銅製双魚佩《そうぎょはい》・ガラス玉を装着した金銅製木葉形腰佩《ようはい》など、先にみた前代の大型前方後円墳である金鈴塚古墳の初葬時の副葬品（**図36**）に近い遺物も出土している。両古

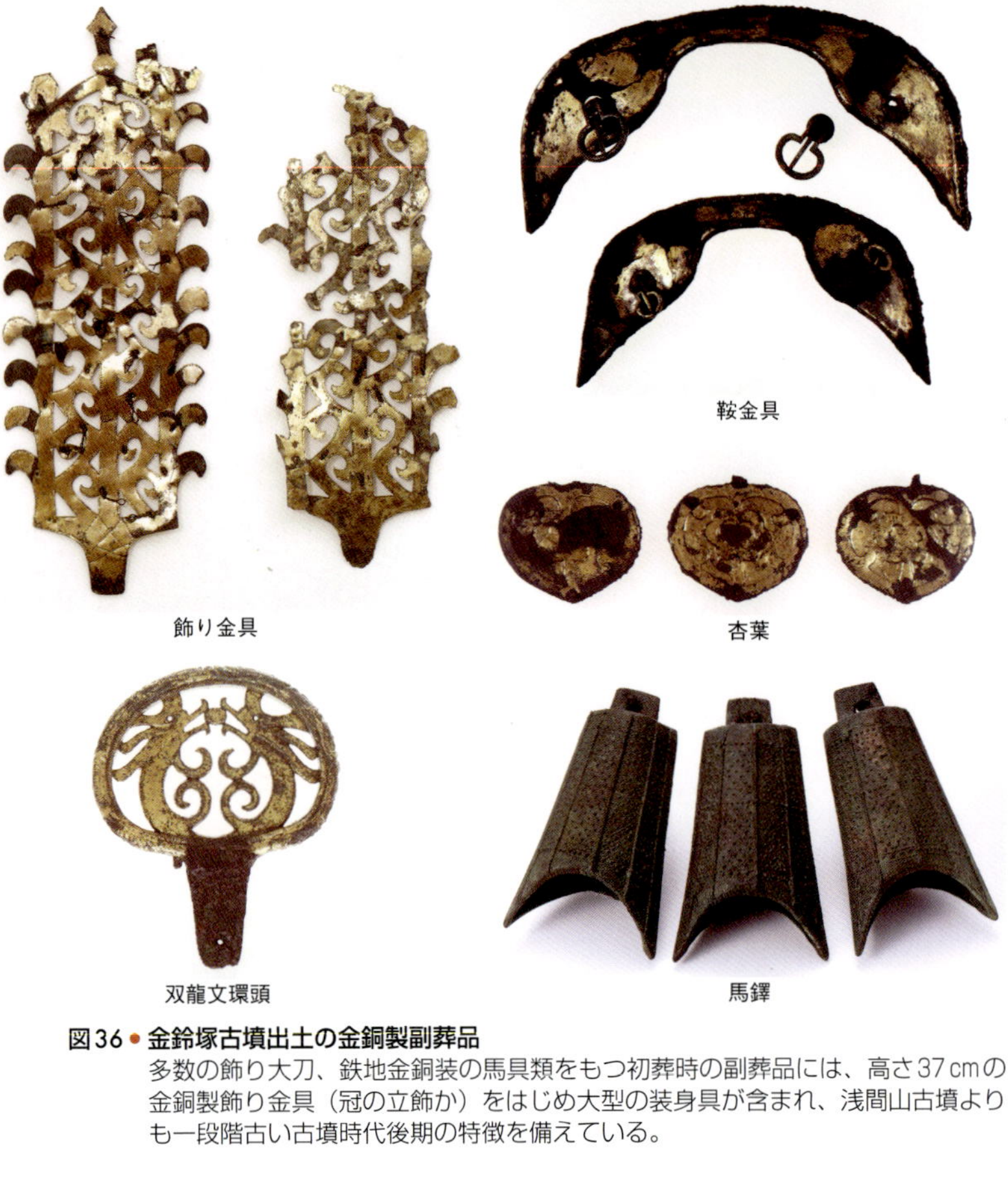

図36 ● 金鈴塚古墳出土の金銅製副葬品
多数の飾り大刀、鉄地金銅装の馬具類をもつ初葬時の副葬品には、高さ37㎝の金銅製飾り金具（冠の立飾か）をはじめ大型の装身具が含まれ、浅間山古墳よりも一段階古い古墳時代後期の特徴を備えている。

墳で出土した双龍文環頭大刀をくらべると、松面古墳出土のものが金鈴塚古墳出土例よりやや古く位置づけられるが、馬具は鉸具付の心葉形《しんようけい》杏葉、無文の方形帯金具など金鈴塚古墳より明らかに新しい組み合わせである。また、方形の透彫り金具八枚（図37）は金銅製の冠飾と推定でき、金鈴塚古墳の壮麗な唐草文透彫り立飾より新しい形式の冠飾といえることから、松面古墳は金鈴塚古墳に後続して七世紀初頭には築造されていた次期首長墓と考えることができる。

また付近には、大円墳の鶴巻塚古墳もある。墳丘径四二～四四メートル、周溝外側の径八〇メートルの大型円墳であることが確認されており、二重周溝の有無は未確認だが、墳丘は松面古墳とほぼ同規模である。

石室の有無など具体的な構造を記録した資料はなく、築造時期の推定は難しいが、副葬品の銀装圭頭《けいとう》大刀の把頭《つかがしら》に施された宝珠文・雲気文《うんきもん》を配した中心飾りなどから、金鈴塚古墳につぐ大型古墳といえる。

以上のように望陀郡域では、松面古墳と鶴巻塚古墳という墳形の異なる二つの終末期の大型古墳が存在していた。

図37 ● 松面古墳出土の金銅製透彫り金具

４弁の花文を配した約６㎝四方の金具。８枚を綴じあわせると48㎝になり、ちょうど頭をめぐる長さになる。周縁に綴じ孔があり、帯冠か冠帽の周縁を飾った冠飾であろう。法隆寺百済観音（図29）、夢殿観音の額飾りに類例がある。

武射郡域の大型方墳・駄ノ塚古墳

武射郡域の作田川流域で最大の方墳は駄ノ塚古墳である。墳丘の一辺が六〇メートルで、二重周溝をめぐらし、周溝を含む規模は八四メートルにおよぶ。

石室は軟質砂岩を用いた切石積両袖型の複室構造で、全長七・七六メートル、玄室長五・九八メートル、玄室の形態は長方形である。石室全体に床石があり、後室を三区分、前室をほぼ中央で二分する配石がある。副葬品には金銀装の馬具、鉄地銀象嵌の頭椎大刀《かぶつちのたち》ほかの大刀・鉄鏃などの武器、耳環・玉類などの装身具があり、とくに金銅製の歩揺付飾り金具（馬具）は奈良県の藤ノ木古墳出土品にもあることで注目された。副葬品の示す年代は、六世紀後半〜七世紀初めにわたり、石室前庭部でまとまって出土した須恵器は、藤ノ木古墳より四半世紀ほど新しい七世紀初め頃のものであった。（**図38**）。この地域の首長墓が、前方後円墳から方墳へ変わる時期を示す資料として重要である。

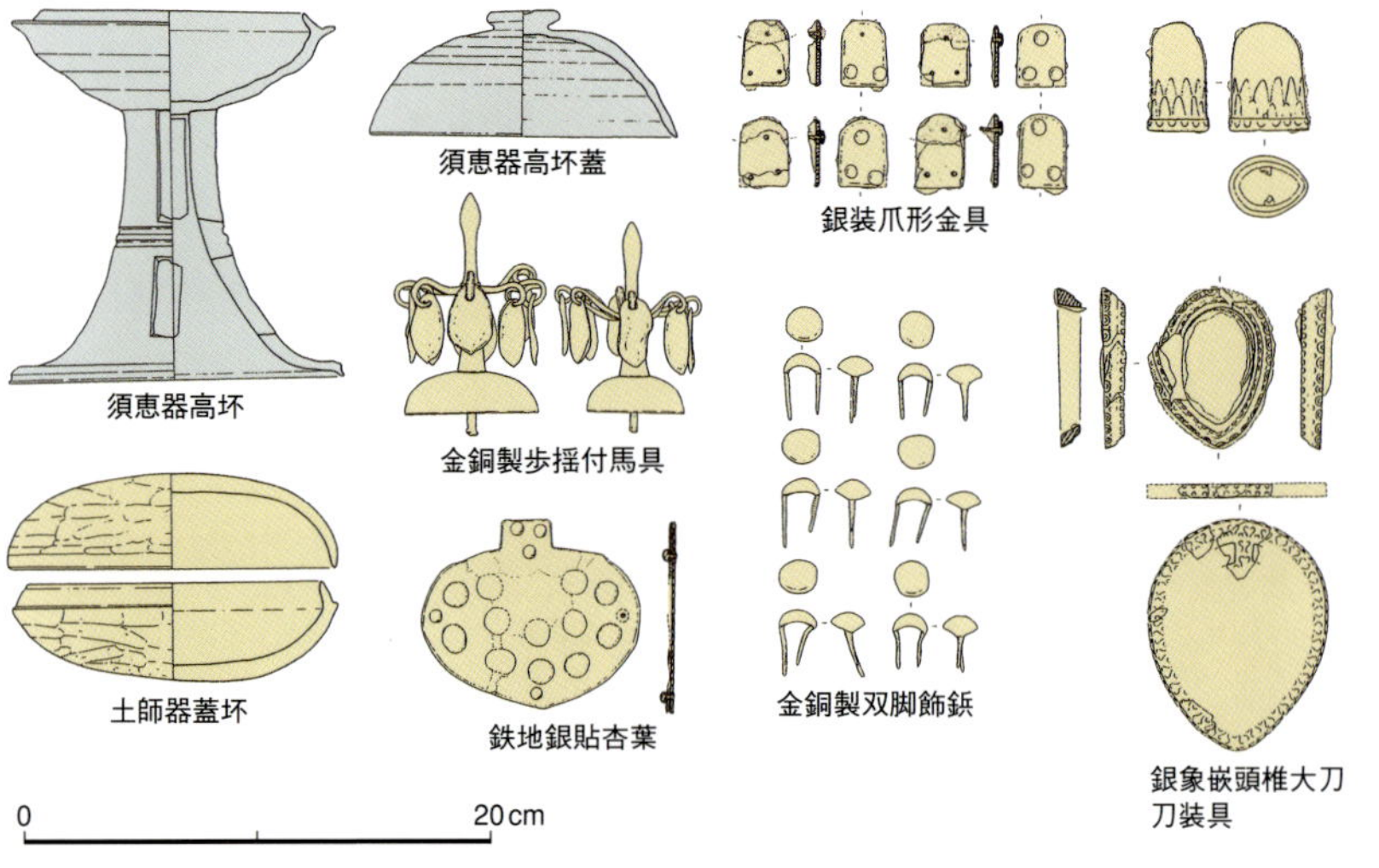

図38 ● 駄ノ塚古墳出土の副葬品
金銅製の歩揺付馬具など6世紀後半にさかのぼる副葬品のほか、銀象嵌の頭椎大刀など6世紀末葉〜7世紀初頭の古墳で出土するものがある。

また武射郡域では、木戸川流域にも二重に周溝をめぐらした墳丘径六六メートルの大型円墳、山室姫塚《やまむろひめづか》古墳がある。内部は未調査であるが、埴輪を樹立していないことなどから駄ノ塚古墳に匹敵する終末期首長墓の候補にあげられる。

印旛郡域の大型方墳・岩屋古墳

さて、印旛郡域で、浅間山古墳以後、龍角寺古墳群の主墳は前方後円墳から方墳に変換する。冒頭で紹介した岩屋古墳の登場である（図4参照）。

岩屋古墳（龍角寺一〇五号墳）は、すでに紹介したように三段築成の整った墳丘をもち、その規模は一辺七八メートル、高さ一三・二メートルである。墳丘の周囲には二重周溝がめぐり、周溝を含めた兆域は東西一〇八メートル、南北九六メートルにおよぶ。この規模は割見塚古墳（一〇七メートル四方）に匹敵する、列島最大規模の終末期方墳である。

墳丘南面の最下段のテラスに中央部に並んで二基の横穴式石室が開口し、それぞれハの字形に開く前庭部がある。石室間の距離は九メートルである。二

図39 ● 岩屋古墳の西石室内部
奥壁は2段積で、上段側面の傾斜に沿って側壁が屈折し、狭い天井部まで切石を積み上げている。写真下方に筑波石の棺台と仕切り石がみえる。

基とも玄室に短い羨道部がつく単室構造の両袖型横穴式石室で、玄門柱石も側壁と同様の切石を積み上げた特異な構造である（**図40**）。

石室の石材は、筑波石から貝化石を多く含む砂岩（以下、貝化石砂岩）に替わる。貝化石砂岩は、原形をとどめた貝化石を多量に含む砂や泥が固まったもので、およそ一〇万年前の更新世後期に堆積した地層の一部である。下総台地中央部の印旛沼周辺に厚く発達した地層で、印西《いんざい》市木下《きおろし》を標識地として「木下層」「木下化石帯」と呼ばれている。凝固した砂層を切り出して加工しており、石材としては脆弱である。

石室の規模は、東石室が全長六・五メートル、西石室が四・八メート

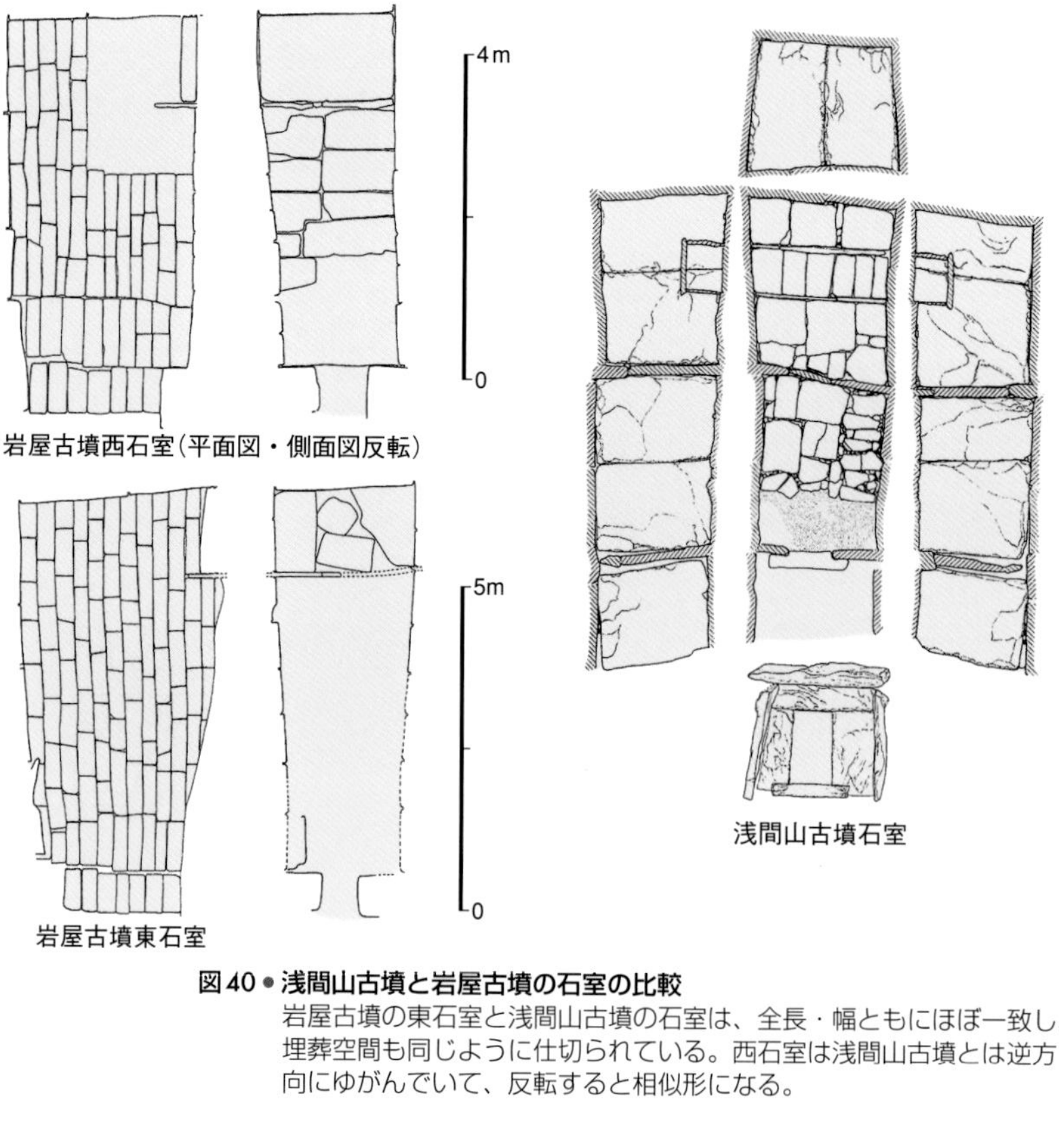

図40 ● 浅間山古墳と岩屋古墳の石室の比較
岩屋古墳の東石室と浅間山古墳の石室は、全長・幅ともにほぼ一致し、埋葬空間も同じように仕切られている。西石室は浅間山古墳とは逆方向にゆがんでいて、反転すると相似形になる。

ルで、墳丘規模の割には小さい。両石室とも天井石は奥壁側に貝化石砂岩、玄門側に筑波石の片岩を用い、玄室の奥壁に沿って片岩によるつくりつけの棺台を設けている。

東石室の玄門外側には長さ約一・五メートルの羨道部があり、羨道部前面には筑波石のしきみ石を立て、床には筑波石の割石を敷いていた。西石室は後世にしきみ石を抜いた痕跡から、長さ一・五メートル前後の羨道部があることがわかっている。また、西石室の玄室入口部床には軟質砂岩の切石を敷き、玄室奥部の床石（貝化石砂岩）とは構築材を異にする。このような床石材の使い分けは、後に上福田一三号墳で仕切り石によって明瞭に異なる床石配石となる。

石材の変化にともなって、石室は浅間山古墳の板石組の複室構造から切石積の単室構造に一変する。しかし、その全形や平面プランは浅間山の石室とほぼ一致する。こうしたことから浅間山古墳と岩屋古墳の石室は、同じ平面規格にもとづいて設計されたと考えることができる。墳形・石室石材を異にする二基の古墳だが、六世紀末葉〜七世紀前葉に連続して築かれた同系譜の首長墓である可能性が高く、このあいだに系譜の断絶があったとは考えがたい。

岩屋古墳以外の龍角寺古墳群の終末期方墳

このように、各地の首長墓は七世紀初頭〜前葉には大型の円墳や方墳に変換しているが、その規模・群在する数と領域において、龍角寺古墳群は別格となる。龍角寺古墳群の終末期方墳は、小支谷をはさんで隣接する上福田《かみふくだ》古墳群の方墳を合わせて一九基からなる。それらは東から開析された支谷の谷頭ごとに独立して築かれる。岩屋古墳以外の方墳をみてみよう。

みそ岩屋古墳（龍角寺一〇六号墳）　墳丘の規模は約三〇×三五メートル、高さ五・五メートルで、墳丘の南東裾部に横穴式石室が開口する。石室はすべて貝化石砂岩の切石で構築され、玄室と短い羨道からなる単室構造の両袖型である（**図41**）。玄室の側壁は比較的小さな石を九段に持ち送りして積み上げ、せり出した石の稜をカットしてドーム状の緩やかな曲線を描いているのが特徴である。玄門柱石・羨道側壁は貝化石砂岩の板石を立てて築いている。石室の全長は四・五八メートル、玄室の長さは三・一四メートルである。出土遺物は確認されてない。

上福田岩屋古墳（上福田七号墳）　岩屋古墳と谷を隔てた南東九〇〇メートルの谷奥部に立地する。墳丘規模は中心部の軸線で三七メートルにおよぶ。墳丘は墳頂部の祠と参道によって改変されているが、本来の高さは六メートル前後と推定される。

石室は墳丘南東裾の中央に開口し、単室無袖型の横穴式石室である（**図42**）。古くから開口しており、

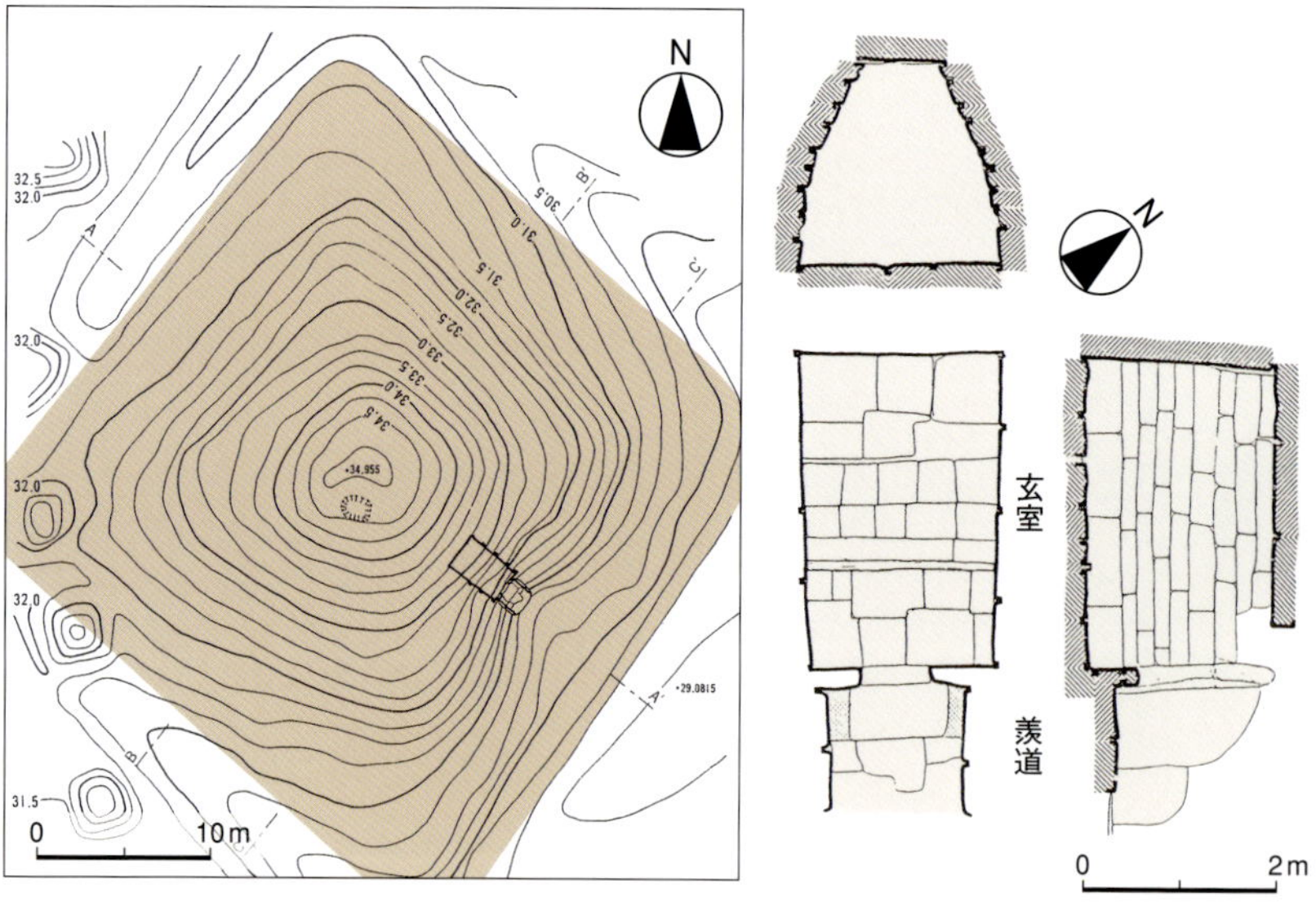

図41 ● みそ岩屋古墳の墳丘と石室
岩屋古墳につぐ大型方墳。石室の平面プランと構造は上福田13号墳に類似している。

副葬品は不明である。石材はすべて貝化石砂岩で、Ｔ字型にひろがる横長の玄室に短い羨道部がつく。羨道の側壁は板石の立石である。

玄室には、貝化石砂岩を直方体に整形して使用し、表面は丹念に面とりしている。貝化石砂岩としてはあまり風化が進んでいないため、硬度の高い良質なものを選定していることがうかがえる。最下段の石材には二段目以降より厚いものが使用され、長さ七〇センチほどにそろえている。

玄室の四面を著しく持ち送りし、ドーム状の天井を作りだしている。室内のアーチ状の曲面はていねいに削って仕上げている。床には流土が堆積するため底面の大きさを測ることはできないが、現状の奥壁が幅（横軸）約二・八メートル、側壁長（縦軸）二・七メートルなのに対して、天井部は横軸一・二八メートル、縦軸〇・四メートルとなる。天井までの高さは現状で二・四メートル（流土の厚さを含めると約二・六メートル）であり、

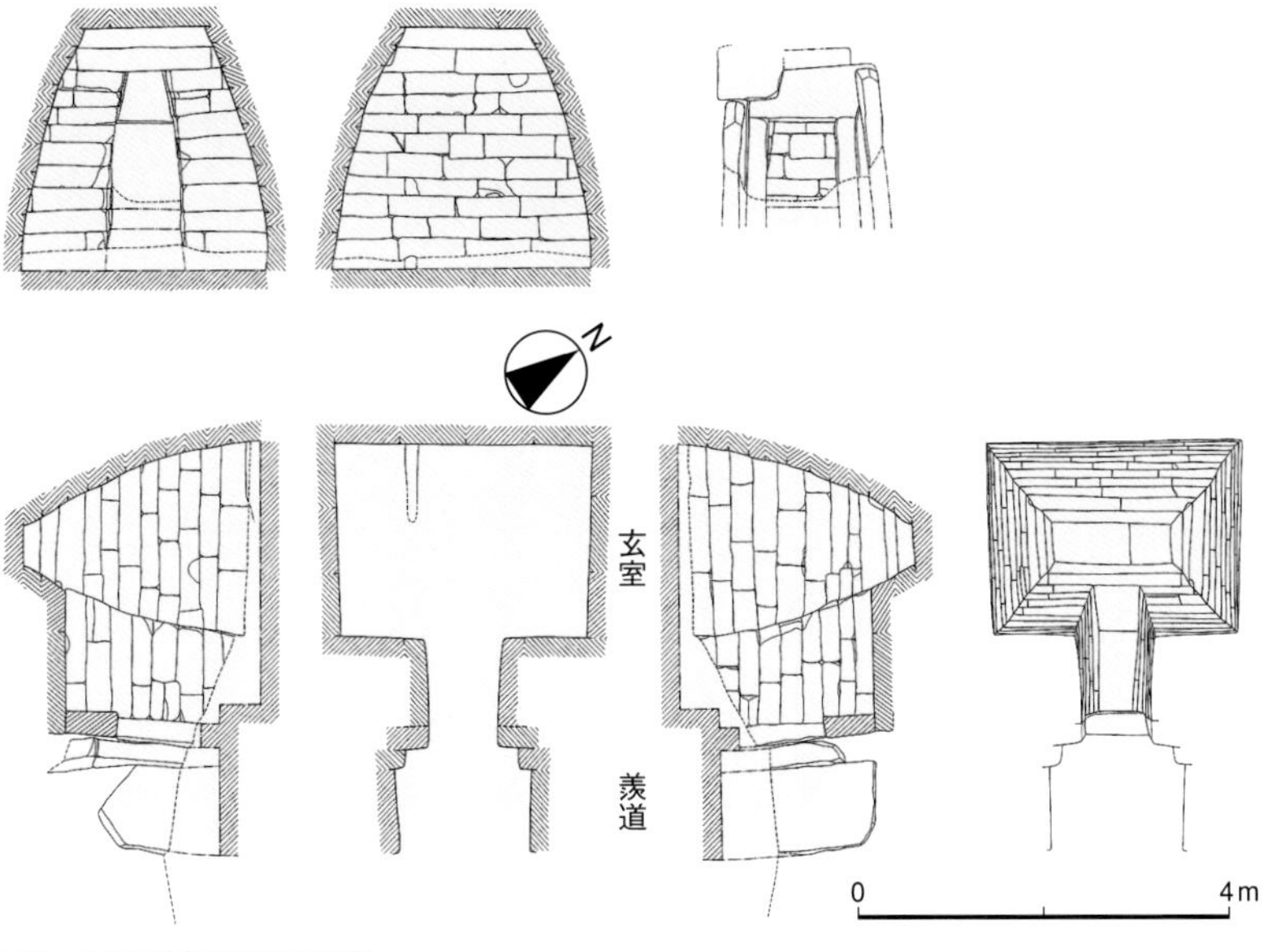

図42 ● 上福田岩屋古墳の石室
単室無袖型の横穴式石室で、Ｔ字型の横長玄室が特徴的である。石材はみそ屋古墳と同様にすべて貝化石砂岩。

中に入ると天井が狭い分、ドームの高さに圧倒される。

上福田一三号墳　墳丘一辺二〇メートルの方墳である。墳丘規模は小さいが、二重周溝をめぐらすことから、古墳群の中核をなす古墳であろう。石室はみそ岩屋古墳によく似た形態で、玄室の奥に間仕切り石がある。石材は、閉塞石の一部に片岩板石を一枚用いているだけで、ほかはすべて貝化石砂岩の切石である。玄室は貝化石砂岩の仕切り石で二分し、奥壁側の床には貝化石砂岩、入口側の床には黄色砂岩の切石を敷き詰めている。

前庭部で須恵器の甕・蓋坏、土師器坏が出土し、つまみのある蓋と高台をもつ身が組み合う須恵器蓋坏の型式から、七世紀末葉から八世紀初頭のものと推定できる。これらが、この石室の最後の埋葬か葬送儀礼にともなうとすれば、龍角寺・上福田の終末期方墳群の最後の古墳であり、この段階で中核となる方墳の規模が縮小したことがうかがえる。

3　独特な石室と地域間交流

貝化石砂岩石室の系譜

このように龍角寺古墳群の終末期方墳では、いずれの古墳も石室の構造材にもろい貝化石砂岩の切石を使っている。そのため、浅間山古墳の石室とほぼ同規模の石室を構築した岩屋古墳東石室では、側壁に七~九個の切石を一三段積み上げなければならなかった。その積み方は長方形の長辺と短辺を交互に積んでいく互目積《ごのめづみ》である。また、天井石にも貝化石砂岩を架けるために側壁をかなり持ち送り、天井の幅を減じている。

このような脆弱な石材を用いた構築技術の系譜はどこに求められるであろうか。前節でみたように、貝化石砂岩の石室には、岩屋古墳のように幅のほぼ一定した長方形の玄室をもつもののほか、幅広い長方形（みそ岩屋古墳・上福田一三号墳）のものや横長方形の玄室をもつもの（上福田岩屋古墳・龍角寺一〇四号墳）といったようにさまざまな形態がある。

しかし、大きくみると、片岩板石組の石室以来の床面にみられる横（あるいは短辺）区画は共通しており、使用石材の大型化・平面区画の変化からみて、岩屋古墳からみそ岩屋古墳へ、そして上福田一三号墳へという推移を想

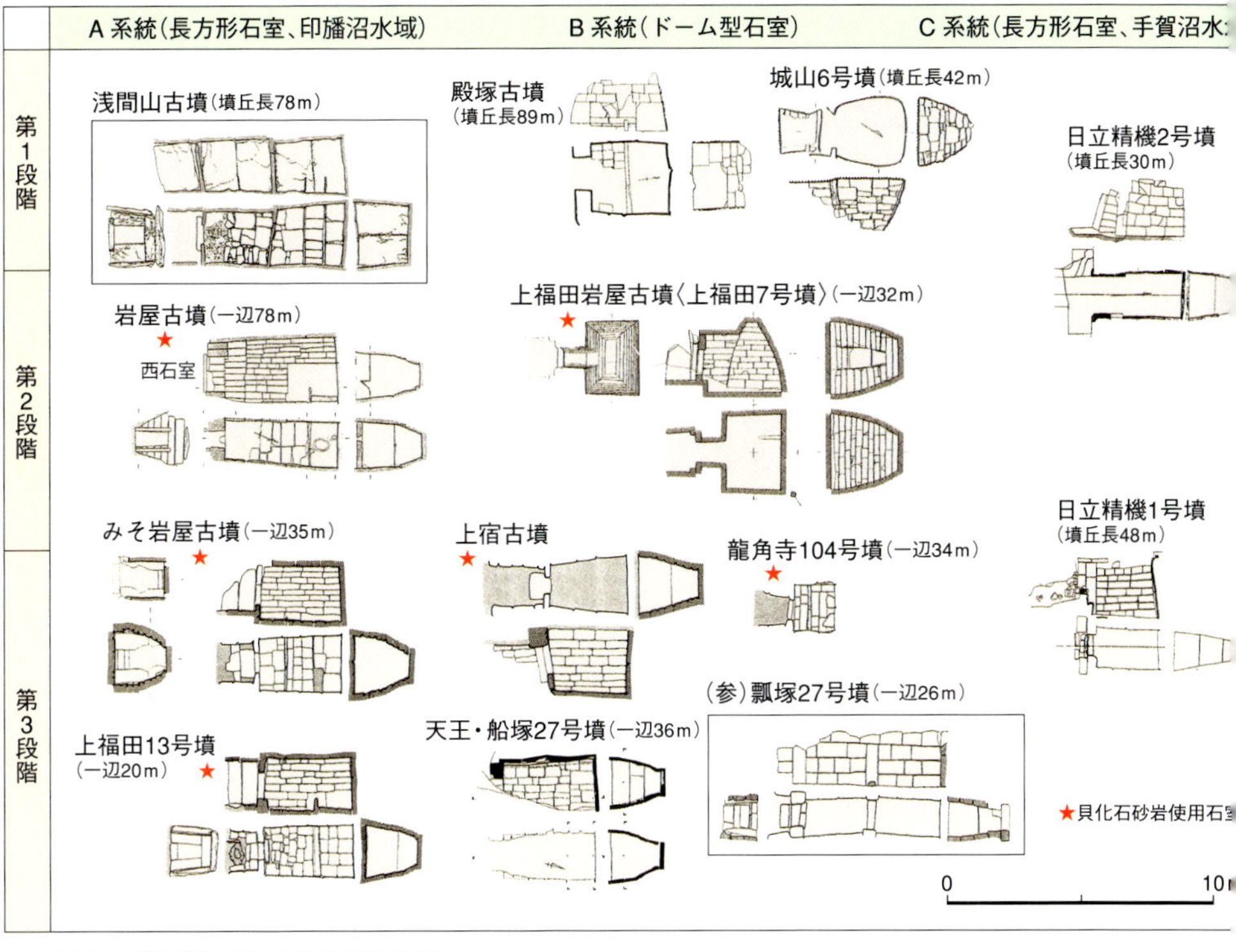

図43 ● 切石積・ドーム型石室の系統
平面プラン・構造によって3つの系統に分けられる（□かこみ2例は異系統の要素を含む）。

定できる。年代については、上限を浅間山古墳の築造に次ぐ七世紀前半代、使用の下限は上福田一三号墳の七世紀末葉〜八世紀初頭に求められる。

これらの貝化石砂岩を用いた切石積石室の構築技術の系譜を解く鍵のひとつとして、方形・ドーム型の石室に注目してみたい。

方形・ドーム型切石積石室の系譜

貝化石砂岩の石室では、上福田岩屋古墳・龍角寺一〇四号墳の石室が横長の方形プランの玄室をもつ例である（**図43**）。上福田岩屋古墳の横長方形プランとドーム状天井をもつ玄室は、前後の時期につながりのない唐突な型式ともいえ、外部から新たにもたらされ在地に根づかなかった外来の型式と考えることができる。

このような方形・ドーム型切石積石室が、房総では太平洋側の九十九里平野に面した古墳にもみられる。**図43**のB系統にある山武《さんぶ》郡横芝光《よこしばひかり》町の殿塚《とのづか》古墳と山武市の大堤権現塚古墳、そして利根川河口域にある香取《かとり》市の城山《じょうやま》六号墳の三基の前方後円墳である。殿塚古墳は円筒・形象埴輪を樹立した六世紀後葉にさかのぼる古墳であり、城山六号墳と大堤権現塚古墳は埴輪終息後の古墳であるが、いずれも上福田岩屋古墳に先行することはほぼ間違いない。

これらの上総・下総のきわめて限られた地域と時代に用いられた方形・ドーム型切石積石室には、明らかに他と系譜を異にする石室構築技術をもつ集団の関与が考えられる。

玄室平面が正方形に近く、奥壁と平行に仕切り板を置き、門柱石に板石を用いるなどの特徴は九州系横穴式石室に求められる。羨道に板石を立てた上福田岩屋古墳石室の特徴には肥後型石室との関連がうかがえる。このような九州系横穴式石室は、太平洋沿岸の紀伊半島南西部、伊勢湾沿岸に分布し、五世紀後葉～六世紀後葉にわたる海上交流網によって伝播したことが注目されている（図44）。この海上交流網の東進が、六世紀後葉の房総に九州系のドーム型石室をもたらした可能性がある。

こうした石室をめぐる動向や、浅間山古墳・茨城県武者塚古墳と福岡県銀冠塚古墳が同工の銀冠を共有することなどから、六世紀後葉～七世紀初頭に関東地方の首長層が九州などの遠隔地と交流して、発展した状況を垣間見ることができよう。

一方、朝鮮半島では新羅によって外交の本拠地を奪われ、王権中央では有力氏族の確執によって皇位継承に混乱が生じるなど、外憂内患に悩まされていたヤマト王権は、七世紀に入って推古朝の改革に着手し、地方の引き締めを開始することになる。

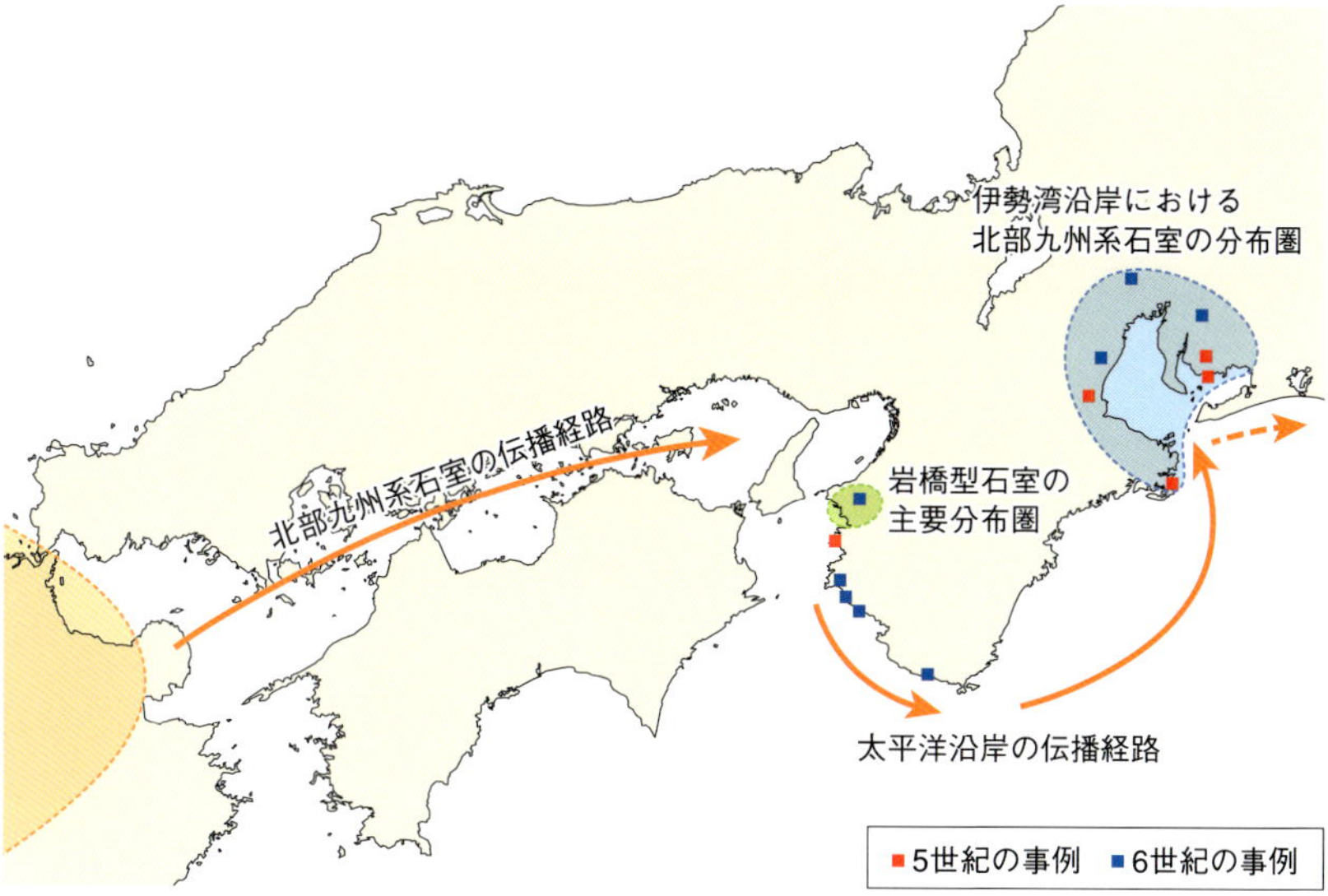

図44 ● 九州系横穴式石室の伝播経路
伝播にはいく度かの波があり、6世紀後半に太平洋沿岸の経路を広範に東進する。

第5章　古代への胎動

1　「印波」首長墓の交替

「印波国造」領域の古墳群

今までみてきた龍角寺古墳群の動向と周辺の古墳群の様相をもとに、「印波国造《いんばこくぞう》」領域の古墳時代から古代への展開をみていくことにしたい。

印旛沼東岸では、龍角寺古墳群・公津原《こうづはら》古墳群という一〇〇基を超える古墳群が近接して築かれた（図45）。それぞれの古墳群内には墳丘長五〇メートル以上の大型前方後円墳が三〜四基あり、多くの中小古墳とともに近年までその偉容をとどめていた。印旛沼周辺が「印波国造」領域の本拠地といわれてきたゆえんである。

公津原古墳群の調査を先駆けとする印旛沼東岸域から南岸域の大規模な調査により、古墳時代前期〜終末期にわたる古墳群の様相が明らかになってきた。まずその分布を確認しておこう。

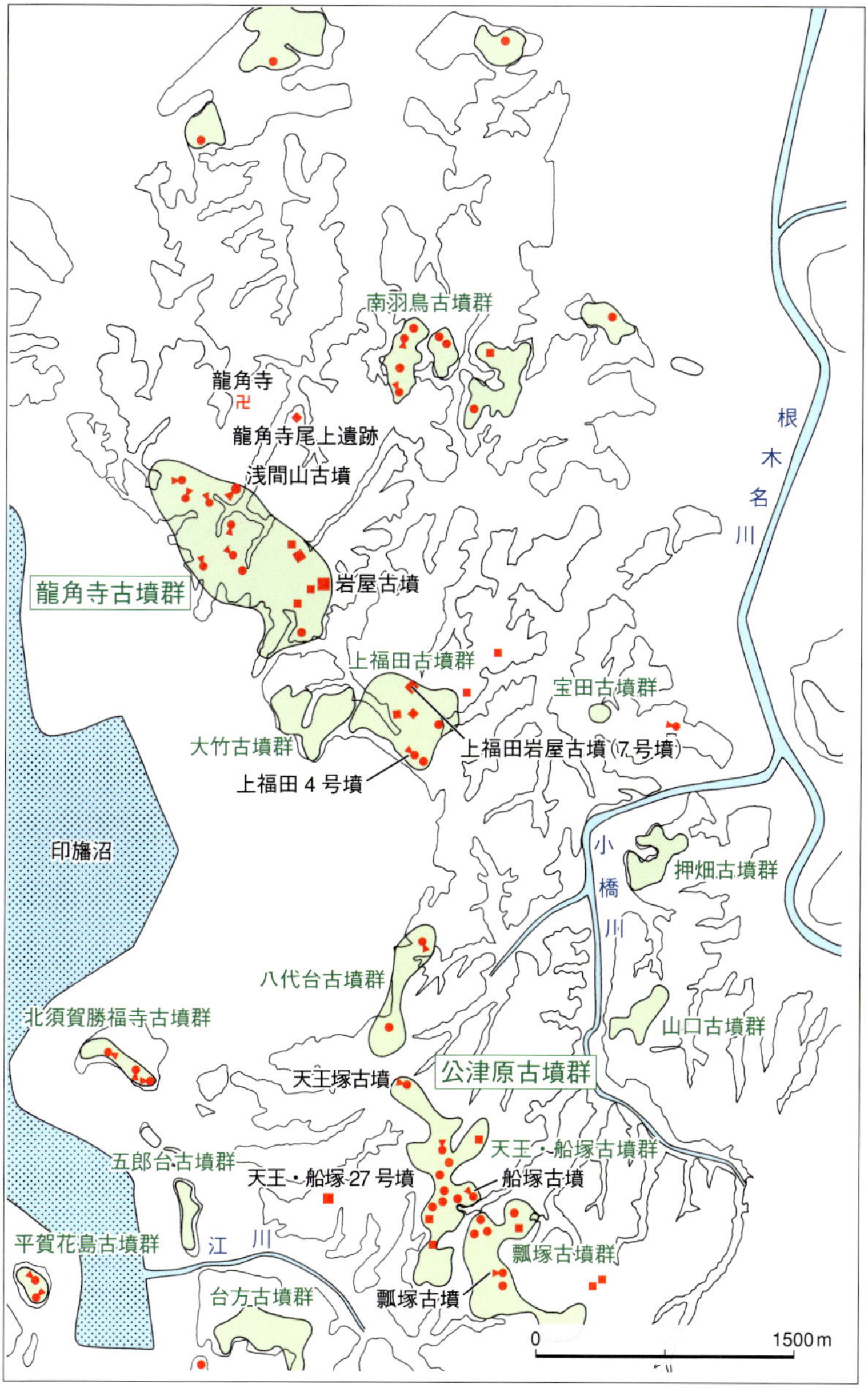

図 45 ● 印旛沼東岸の古墳群
沼の北東部には龍角寺・上福田・大竹古墳群がまとまっている。やや間をおいて、沼の南東部に公津原古墳群の 3 支群と沼縁辺の古墳が立地している。

公津原古墳群は、江《え》川流域と小橋《こばし》川流域に分布している三つの支群（八代台《やつしろだい》、天王《てんのう》・船塚《ふなづか》、瓢塚《ひさごづか》）で構成され、前期から終末期にわたる一二八基からなる。その内訳は、前方後円墳八・円墳八八・方墳三二基である。南側の江川流域には、台方《だいかた》古墳群や下方丸塚《したかたまるづか》古墳などの中期の主要古墳が存在する。古墳時代中・後期には五郎台《ごろうだい》古墳群、後・終末期には五〇メートル級の前方後円墳を輩出した北須賀勝福寺《きたすがしょうふくじ》古墳群などが、河口域にむけて継続して築かれている。江川北岸に、公津原古墳群の中心域から離れて立地する天王・船塚二七号墳（麻賀多《まかた》神社古墳）は、初代「印波国造・伊都《いつ》許利命《こりのみこと》」墓の伝承をもつ古墳で、一辺三六メートルという両流域唯一の終末期大型方墳である。

こうして公津原古墳群とその周辺の古墳群は前期から終末期まで継続しているが、大型古墳の築造は後期中ごろでほぼ終了し、その後は中小の古墳群で終息する。

一方、龍角寺古墳群では、前・中期にさかのぼる古墳はなく、後期〜終末期に集中して築かれる。発掘調査および採集された埴輪から、後期初頭には古墳群形成がはじまると考えられ、墳丘規模が最大になるのは浅間山古墳・岩屋古墳の時期、すなわち終末期前葉である。すでにみたように、この二つの古墳はいずれも墳丘長七八メートルで、この規模が権威の象徴として二代の首長に受け継がれたものと思われる。

また龍角寺古墳群は、上福田・大竹古墳群とともに、印旛沼北東部の古墳群を形成しており、三群をあわせた古墳数は一五二基にのぼる。後期から終末期の立地状況も共通し、これら三群を一連の古墳群と捉える必要があると考えている。近年の調査では、上福田四号墳（墳丘長四八メートルの前方後円墳）で中期末葉までさかのぼる埴輪が出土している。

このように、印旛沼東岸の古墳群の動向は、公津原・龍角寺の二大古墳群を中心として、江川・根木名川（小橋川）によって刻まれた台地上の古墳群全体（約三七〇基）を包括して捉える必要があるだろう。

浅間山古墳の「飛躍」

さて、このように「印波国造」領域の二大古墳群から「印波」の統括首長が交替で輩出されたとすれば、その交替時期をどこに求めることができるであろうか。

まず前期から中期には、印旛沼周辺には六〇〜一〇〇メートル級の大型前方後円墳が存在せず、房総のなかでは大型古墳の空白地帯であった。おそらくこの段階には「印波」全域（古代の印旛郡・埴生《はにゅう》郡）を治めるような首長は存在しなかったのであろう。

その後、中期の終わりごろになって、公津原古墳群に五〇メートルを超える前方後円墳が出現し、後期前半には墳丘長八六メートルの船塚古墳が築造される。採集された埴輪をみると大型古墳の築造は後期中ごろまで続いているようであるが、大型古墳のほとんどが未調査であるため、首長墓の詳細な位置づけは今後の調査に委ねられる。

一方、後期後半から終末期には龍角寺古墳群が規模を拡大する。この段階の公津原古墳群には一辺四〇メートルを超える方墳は存在しないことから、終末期における龍角寺古墳群の優位性は明らかである。

印旛沼周辺に展開した古墳群を統括する首長が存在したとすれば、中期から後期中ごろまでは公津原古墳群から輩出され、後期後半から終末期には龍角寺古墳群から擁立された可能性が高い。さらに限定すれば、第3章でみたように、浅間山古墳が墳丘規模・副葬品の内容ともに抜きん出ており、浅間山古墳の被葬者の時代に「印波」全域を統括する首長が確立したといえるであろう。岩屋古墳の築造を頂点とするその後の龍角寺古墳群の動向を決定的にしたのはこの時期の飛躍であったと考えられる。浅間山古墳は、はじめて明らかになった「印波国造」の奥津城《おくつき》といえるのである。

2　力をつける地域勢力

拡大する集落と古墳群

それでは古墳時代後・終末期の「印波」の隆盛を支えた地域社会の様子はどうであろうか。

印旛郡域で発掘された六〜八世紀の集落を分析した小牧美知枝《こまきみちえ》氏は、印旛沼の東岸・西岸・南岸の郡内を一八のブロックに分けてその動向（住居の数）を検討している。分析の対象とした住居群の数は二七七七棟にのぼる。

総体的にみると、六世紀中葉から拡大がはじまり、六世紀後葉〜七世紀前葉に最盛期（第一のピーク）が認められる。その後、七世紀後葉には減少し、八世紀前葉になるとふたたび増加し（第二のピーク）、八世紀中葉には縮小傾向に転じている。

地域ごとにみると、はじめのピークがもっとも顕著に認められるのは、印旛沼東岸北部の龍角寺古墳群の後背地に相当し（**図46**）、西岸にも急成長した集落があらわれる。一方、第二のピークにもっとも増大するのは、古墳時代前期から集落・古墳の営まれている東岸南部の公津原古墳群周辺部で、南岸域・西岸西部も八世紀代に成長する地域がある。その他の地域は急激に衰退し、集落の中心地が移動し、郡域内が再編されていることがうかがえる。

急成長を遂げる武射郡域

さて、こうした動向は印旛郡の東側、九十九里沿岸にある後の武射《むさ》郡域（現在の山武市を中心とする）でもみられる。

武射郡域では集落および古墳

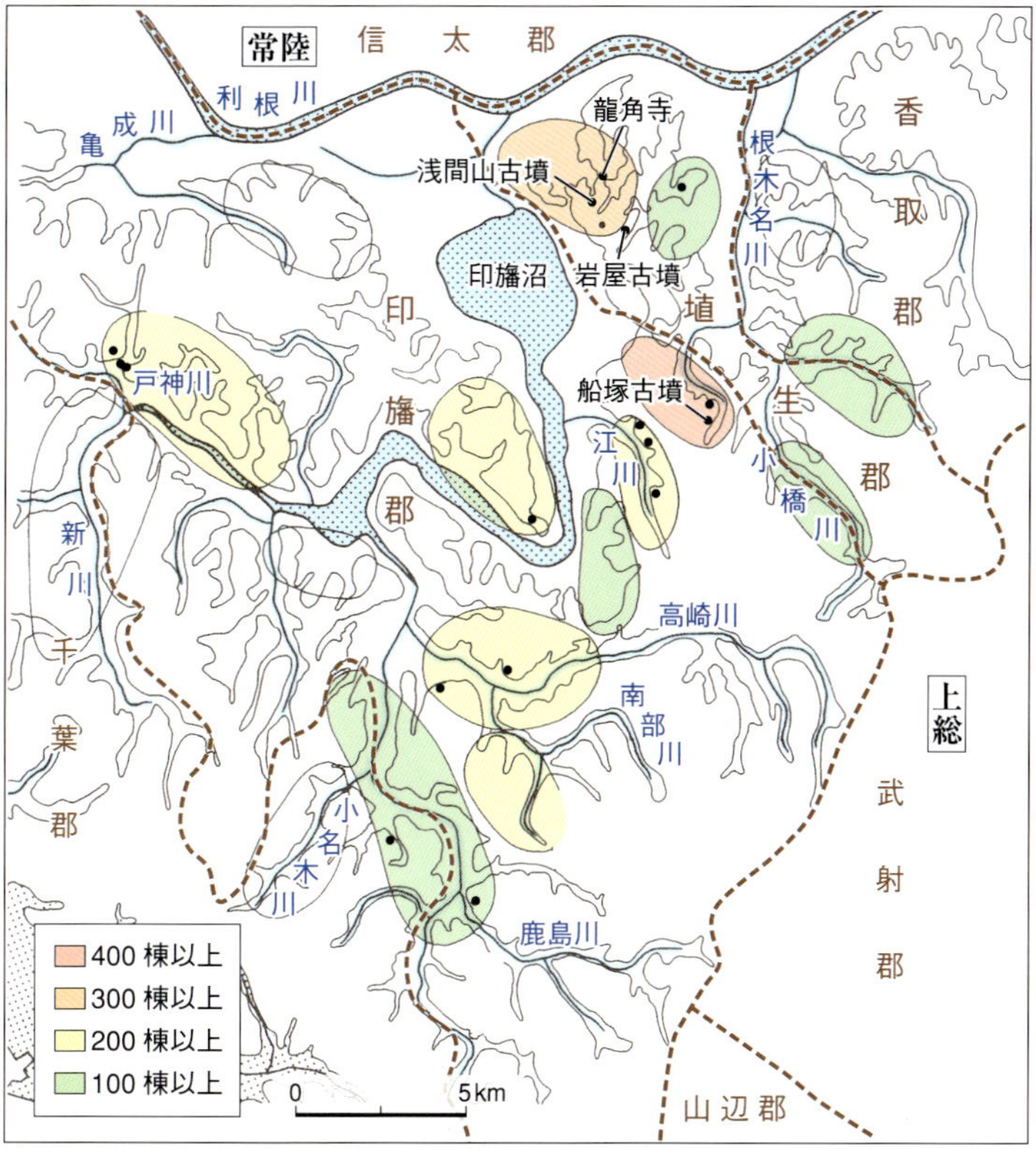

図46 ● 「印波」の隆盛を支えたムラ
6世紀後葉～7世紀前葉に最盛期をもつ印旛沼東岸北部の集落が、龍角寺古墳群の造営を支えた中心的なムラといえる。

の発掘調査が進み、印旛沼周辺よりも状況が明らかになりつつある。古墳時代後期から終末期に新たな集落がつぎつぎに開かれ、印旛郡を上まわる急成長を遂げる。発掘された計二五〇〇棟あまりの住居跡の動向をみると、五世紀にはわずか六〇棟ほどであった住居跡が六世紀には三八〇棟、七世紀には六七〇棟、八世紀には九三〇棟に達し、九世紀に減少に転じて四七〇棟になる。また、六世紀以降の後・終末期大型前方後円墳が集中して築かれ、「印波」と同様、終末期に最大の前方後円墳が築かれている。

この九十九里圏を席捲した「武射」勢力の足跡は周辺各地におよんでいる。「印波」との関係も深く、後・終末期の二重周溝をもつ前方後円墳・埴輪・ドーム型の横穴式石室・筑波石という共通点があり、一連の系譜に連なる勢力であったと考えられる。

そこで以下、「印波」とともに「武射」を合わせて検討することで、終末期における地方の強大化の様子をみていこう。

二重周溝の前方後円墳

「武射」と「印波」の後期大型前方後円墳の特徴のひとつに、二重周溝をめぐらすことがあげられる。「武射」では、埴輪樹立段階の大型前方後円墳に、山武市の西《にし》ノ台《だい》古墳（九〇メートル＋）・朝日《あさひ》の岡《おか》古墳（七一メートル）、山武郡横芝光町の殿塚古墳（八九メートル）・姫塚古墳（五九メートル）がある。埴輪終息以後では、山武市の大堤権現塚古墳（一一七メートル）・胡麻手台《ごまてだい》一六号墳（八六メートル）があげられる。二重周溝の形態をみると、西ノ台・

朝日の岡・大堤権現塚が盾形、胡麻手台一六号墳が相似形、殿塚・姫塚が長方形である。「印波」では、二重周溝は上福田四号墳（四八メートル）・南羽鳥高野《みなみはとりこうや》一号墳（四四メートル）、公津原古墳群の船塚古墳（前方後円墳か、八六メートル、図47）・天王船塚四号墳（帆立貝形、五六・五メートル＋）などあり、いずれも埴輪を樹立している。周溝の形態は船塚古墳が長方形、そのほかは盾型ないし相似形である。

このような両地域の後期前方後円墳に共通してみられる要素のなかでとくに注目されるのは、長方形の二重周溝を採用した船塚古墳の存在である。両地域の緊密化をはかる鍵を握る古墳と考えられ、今後の調査による解明と位置づけに期待したい。

「武射」の埴輪と下総型埴輪

「武射」では後期になって埴輪の樹立がはじまり、爆発的に流行している。立体的な造形が特徴的な全身像の人物埴輪が盛んに立てられた。なかでも、つばが広く高い帽子状の被り物を身に着け、顎髭《あごひげ》をたくわえた男性像は、この地域独特の人物埴輪である（図

図47 ● 船塚古墳全景
長方形の二重周溝をめぐらせている。墳丘の形態には諸説あるが、前方後円墳の可能性が高い。

48）。これらは「武射」の首長墓系埴輪にみられる特徴で、それらとは異なる形態の非首長墓系埴輪と区別することができる。上記の朝日の岡古墳は首長墓系の例で、つばのつく帽子を被った双脚《そうきゃく》の武人埴輪が出土している（図48）。ところが、その顔面のつくりは、後の下総国で広く用いられた「下総型埴輪」に特徴的な粘土板を貼り付けたもので、丸棒状の鼻を一文字の眉にT字状に貼り付けた点も「下総型」と共通する。近年の研究では、「武射」の首長墓系埴輪の製作者と下総型埴輪の系譜につながる製作者が協業して作ったことが検証され、朝日の岡古墳の双脚武人埴輪は、顎髭をもつ武人埴輪をまねて製作したものと解釈されている。

また、「武射」の非首長墓系埴輪は、

図48●「武射」の首長墓系と朝日の岡古墳の武人埴輪
左：横芝光町の姫塚古墳出土。右：山武市の朝日の岡古墳出土。つばのつく帽子を被った双脚の全身像だが、朝日の岡古墳の顔面は「下総型埴輪」に特徴的な粘土板を貼り付けたつくりになっている。

「下総型」のもっとも新しい段階の埴輪と山武郡芝山町のにわとり塚古墳（山田宝馬《やまだほうま》一六四号墳）で共存することもわかっている。

こうしたことから、「武射」の埴輪と下総型埴輪はその導入期から最終段階まで共存することが確認され、別個に特化したようにみえる双方の製作者が「武射」と下総を往来して、発注に応じていたことがうかがえるのである。

一方、「武射」の首長墓系埴輪は分《ぶん》水嶺《すいれい》を越えて東京湾東岸、千葉市の椎《しい》名崎《なざき》古墳群にも樹立されている。椎名崎古墳群もまた、古墳時代後期以降に開発された大型集落をともなう古墳群である。

人形塚《にんぎょうづか》古墳は、六世紀後葉〜末葉に築かれた群中最大の前方後円墳

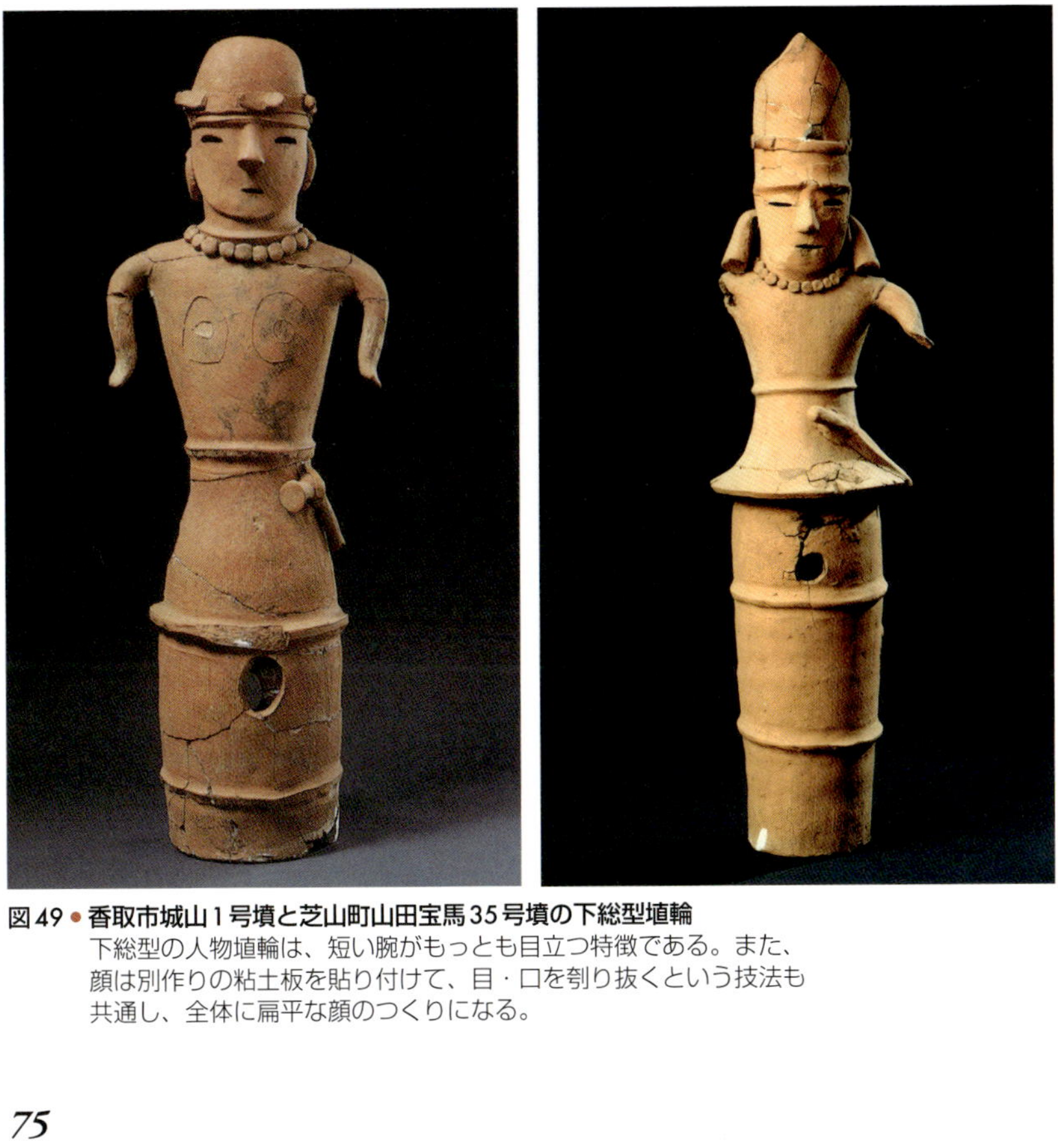

図49 ● 香取市城山１号墳と芝山町山田宝馬35号墳の下総型埴輪
下総型の人物埴輪は、短い腕がもっとも目立つ特徴である。また、顔は別作りの粘土板を貼り付けて、目・口を刳り抜くという技法も共通し、全体に扁平な顔のつくりになる。

（四三メートル）で、殿塚古墳・姫塚古墳と同様に長方形の二重周溝をめぐらしている。これを境に集落の爆発的な拡大と古墳群の活発な造墓が開始される。

「武射」の殿塚古墳につぐ姫塚古墳被葬者の段階に、人形塚古墳へ武射型埴輪（図50）が供給されており、その背景には東京湾岸に港をもつことでさらなる発展をもくろみ、房総半島を横断して勢力拠点をひろげた「武射」の伸張が想定できる。一方、「武射」の首長墓系埴輪が下総型埴輪の成立に深くかかわり、消長の軌を一にした動向は、古墳時代後・終末期における「武射」と「印波」の結びつきを示唆している。両地域が河川交通で結ばれていることは、筑波石を用いた石棺の分布によっても明らかである。

後期大型前方後円墳が隆盛をきわめた

図50 ● 人形塚古墳の埴輪
「武射」地域以外で、顎髭をたくわえた男性像に代表される「武射」の首長墓系埴輪が発掘調査された唯一の例である。

「武射」は、終末期大型方墳の時代には「印波」に首座を譲るが、律令期には、古代寺院の造立と集落拡大によってふたたび存在感を強めていくことになる。

3　ヤマト王権の地方政策と龍角寺

「印波」と「武射」への牽制

こうして強大化した「印波」と「武射」には、ヤマト王権による楔がたびたび打ち込まれる。前時代的な大型前方後円墳の築造容認と豪華な威信財の配布とは裏腹に、王権の経済的・軍事的基盤を地方に築くための具体的な政策が進められる。

そのひとつが『日本書紀』記載の「伊甚《いじみ》の屯倉《みやけ》」設置記事に象徴される直轄地の設置である。『倭名抄《わみょうしょう》』印旛郡には三宅郷の記載があり、ヤマト王権の直轄地を示すミヤケの設置によって命名された地名と考えられている。すなわち、印旛郡のミヤケは「印波国造」を牽制するために置かれ、その管掌者にはヤマト王権と密接なつながりをもつ氏族が派遣されたことが推定できる。古墳時代後期に開かれた大規模集落は、「印波」に広大な王権の拠点を築くことを意味していたといえるであろう。

一方、武射郡域は「武社《むさ》（武射）国造」の本拠地と目され、考古学的には終末期の大型方墳駄ノ塚古墳・大和紀寺の瓦当文《がとうもん》をもつ真行寺《しんぎょうじ》・郡衙遺跡の嶋戸東《しまとひがし》遺跡があり、「印波」と同様に古墳時代終末期から奈良時代にかけて歴史的変遷が追える地域である。また、「武社国造」

の領域にもミヤケが設置されていた可能性が高く、『倭名抄』にみえる大蔵《おおくら》郷・長倉《ながくら》郷の遺称地がある。『続日本紀』神護景雲《じんごけいうん》三年（七六九）三月辛巳《かのとみ》条には、陸奥国造の申請によって陸奥国諸豪族が姓を賜り、牡鹿《おじか》郡の人「外正八位下春日部奥麻呂《かすかべのおくまろ》」ら三人に「武射臣《むさおみ》」が下賜された記事がある。このことは、関東の武射臣が征夷のために東北に赴き、土着した可能性を示している。「武射」の古代集落で出土するものに類似した土器が東北南部で出土しているのは、その証左のひとつであろう。また、「武射」周辺の太平洋岸に分布する特徴的な形態の横穴墓が東北南部に造られていることもわかってきた。

東北経営が本格化する古代には、両氏族がともに東北遠征に駆り出されたことは確かであろう。古墳時代後期にはじまる「印波」と「武射」の大規模開発は、中央主導の政策を反映し、両勢力の伸張を利用した東北経営が進められたことを物語る。

図51 ● 現在の龍角寺
境内奥に古代の金堂跡の基壇、塔の心礎と基壇がのこっている。塔心礎には香取海を介して運んだ花崗岩が用いられた。

龍角寺の建立

龍角寺（図51）は、浅間山古墳の真北六〇〇メートルの位置にある。龍角寺で出土するもっとも古い瓦は、三重《さんじゅう》圏線文縁《けんせんもんえん》単弁蓮華文《たんべんれんげもん》軒丸瓦《のきまるがわら》と三《さん》重弧文《じゅうこもん》軒平瓦《のきひらがわら》の組み合わせで（図52）、大和山田寺の創建期の瓦当文様を用いていることで知られ、その系譜は六三九年舒明《じょめい》天皇の造営と伝えられる百済大寺に求められる。

とくに軒丸瓦は六四九年まで山田寺でつくられた瓦を祖型にしており、この軒丸瓦の瓦当文様と作り方・文字瓦・出土した土器の年代によって、創建は六五〇年〜六六〇年代前半と推定されている。そして、この軒先瓦の文様が房総各地の古代寺院に用いられ、次第に文様が変化していることから、龍角寺は房総における最古の瓦葺きの寺にあげられているのである。

現在、龍角寺境内には塔と金堂の基壇《きだん》、礎石《そせき》がのこっている。一九四八年から現在にわたる数次の発掘調査によって、初期の地方寺院に多い、西に金堂、東に塔を置く法起寺《ほっきじ》式の伽藍《がらん》配置と推定され、近年の調査では中門と回廊が存在する可能性も出てきた。

本尊の薬師如来座像は、火災に遭っているが、仏頭

図52 ● 龍角寺の創建瓦
軒丸瓦には縁に三重圏線文をもつ単弁蓮華文、軒平瓦には三重弧文を用いた大和山田寺の瓦当文を祖型にしている。

は全国的にも希有な白鳳仏で、重要文化財に指定されている（図53）。中央に鉄芯を置いて蝋型を用いて鋳造し、眉・上瞼・唇・耳などを鏨《たがね》で彫刻して仕上げたものである。大和山田寺の本尊（興福寺に現存する国宝の仏頭、六八五年作）と同様の作風をもちながら、奥行きが浅く、山田寺像にくらべて初唐様式を十分に理解していない段階のものと捉えられている。

このように、龍角寺の仏像や瓦には、当時の中央の作風や技法がとり入れられていることから、造営主体者は中央と太いつながりがあったと考えられ、地方寺院造営に至る中央の動向を確認しておく必要がある。

仏教は、当初、旧来の神々を信じる人びとには受け入れがたく、王権を支えた中央の豪族は、仏教を容認する蘇我《そが》氏などの派閥と拒否する物部《もののべ》氏などの派閥に分かれて争っていた。

しかし、五八七年（用明二）に蘇我氏が物部氏を滅ぼすことによって、仏教は政治の実権を握った蘇我氏主導のもと中央の豪族に広まる。推古朝（五九三〜六二八年）には上宮王家を中心に仏教興隆が推進され、その思想が王権の後ろ盾になると、寺は古墳に替わる権威の象徴となった。やがて、前掲の百済大寺造営を機に、寺の造営や整備が天皇主導で進められるように

図53 ● 銅造薬師如来像（龍角寺本尊）
関東地方では東京都の深大寺の釈迦如来像と双璧をなす白鳳時代の代表的な金銅仏である（写真は複製品）。

なり、六四五年（大化元）の乙巳《いっし》の変によって蘇我氏の中心勢力が滅亡した後も、日本各地で寺院が造営されることになる。

龍角寺は、七世紀第２四半期におよぶ浅間山古墳への埋葬、岩屋古墳の築造後、まもなく創建された可能性があり、その造営は岩屋古墳の埋葬時期と重なる可能性もある。中央と太いつながりをもった造営主体者は、浅間山古墳の時代から仏教を推進した上宮王家とつながりがあったと考えられる。

木室墓に納められた長大な釘

龍角寺と谷を隔てて対面する位置に、龍角寺の建立に関わると思われる特異な遺構がみつかった。龍角寺尾上《おがみ》遺跡といい、浅間山古墳が立地する谷筋の台地突端部で、長辺三二メートル、短辺一九メートルの長方形の区画に周溝と周堤（土塁）をめぐらした遺構である（**図54**）。

遺構の中央部には約五メートル四方、深さ三・三メートルの二段掘りの土坑があり、北東隅にはカマドをもつ竪穴遺構がある。土坑の下段では、幅一尺

図54 ● 龍角寺尾上遺跡
溝と土塁で区画された地下式木室跡と竪穴遺構。木室は本葬前に遺体を祭った殯（もがり）施設（喪屋）、あるいは木室墓であろうか。写真上方が北方向。

（約三〇センチ）・長さ一〇～一一尺（約三・〇～三・三メートル）の木材を井桁状に組んだ痕跡と炭化した多量の板材が出土した。土坑内に板組みの地下式木室を構築し、その場で焼いている。

こうした遺構自体が特異なものであるが、さらに注目されるのは、木室内部で出土した九本の鉄釘である（**図55**）。四方を面とりした方形の頭部をもつ鉄釘は、長さが一九・五～二九・五センチにおよぶ長大なもので、板組みに打ち込まれていたとはとうてい考えられないものである。おそらく、大型の木造建築物に用いられた釘であろう。

調査報告者は、この木室を殯《もがり》施設と推定している。とすると、このモガリに付された人物の墓はどこに求められるであろうか。また、この長大な釘が龍角寺の建物に用いられた可能性はないのであろうか。

竪穴遺構では、カマド周辺で土師器坏を主体とする七世紀前半の土器群が多量に出土しており、この施設が浅間山古墳の埋葬時期、あるいは岩屋古墳の築造時

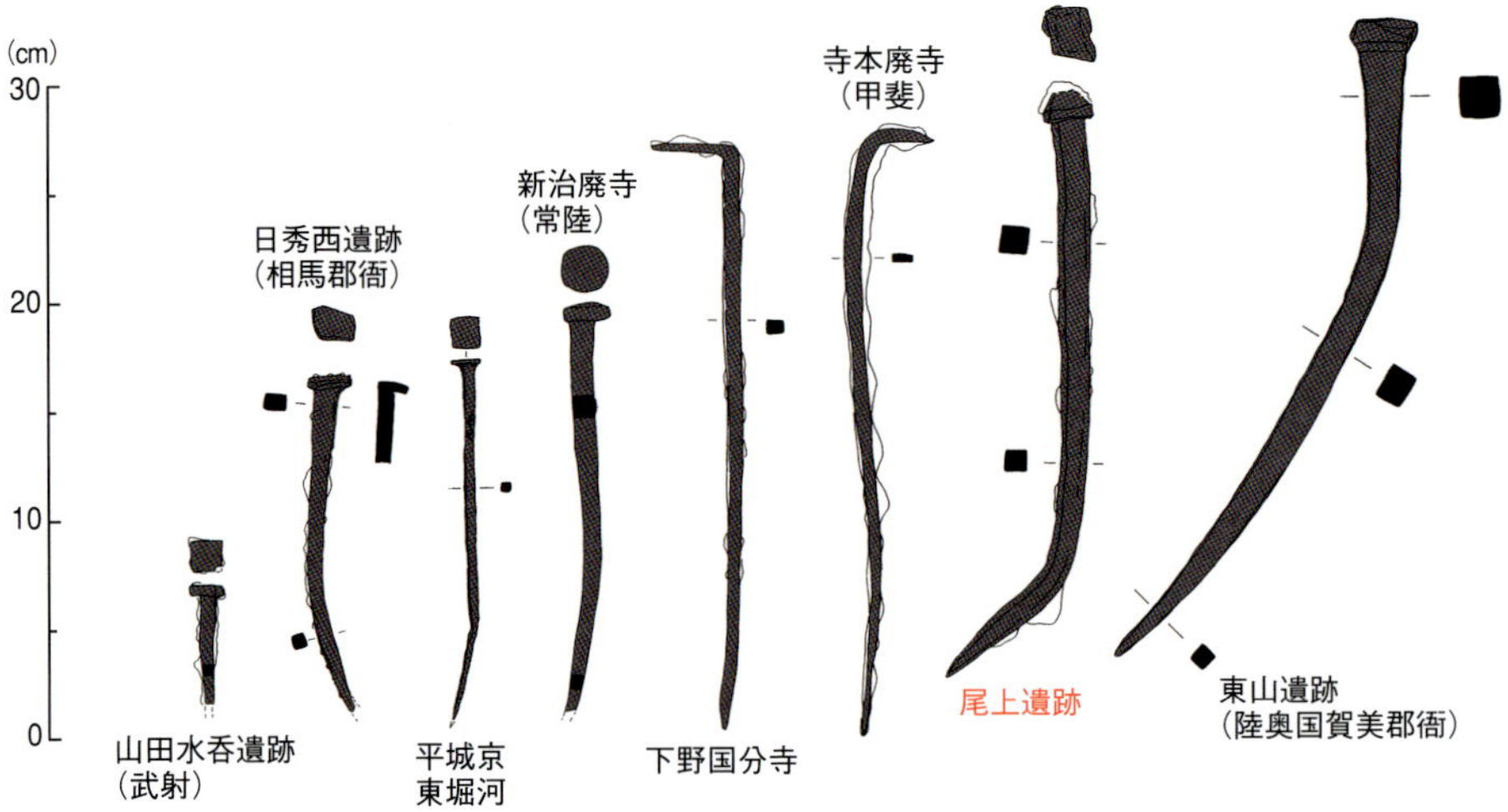

図55 ● 各地の古代遺跡から出土した鉄釘の比較
古代寺院や官衙跡から出土した鉄釘を比較すると、尾上遺跡の釘は最大級で、実用品とすればその用途は龍角寺の瓦葺き建物であろう。

期に使われたことを示している。また、対岸に龍角寺が位置するのも偶然ではないと思われ、殯施設であるとすれば、その主は龍角寺造営主体者であり、岩屋古墳の被葬者が最も有力な候補であろう。また、これ自体が木室墓（木炭墓）であったとすれば、被葬者には龍角寺建立のために中央から派遣された寺院造営の管掌者を想定できる。長大な釘はその功績を象徴する副葬品であったと思うのである。

龍角寺の文字瓦

龍角寺の造営に地域はどのようにかかわっていたのか。龍角寺に使われた文字瓦からみていこう。龍角寺の瓦は周辺の瓦窯（龍角寺瓦窯・五斗蒔《ごとまき》瓦窯）で焼かれたことがわかっているが、窯で焼く前に文字を刻んだ瓦が一〇〇〇点以上出土している。

枚数を記す文字のほか、現在の印旛沼東岸地域の地名にかかわる内容が多く、当時の地域名や集団をあらわすものとして注目される（図56）。また、これらの文字は、瓦の製作に対する各地域の負担を明らかにするために書かれたもので、これらの地域が龍角寺造営の負担を担っていたことがわかる。

その地名の広がりは二つの時期に分けられるという。Ⅰ期（龍角寺の創建期前半）には、のちの埴生郡だけなく、印旛郡域をあらわす「朝布」（麻生）や香取郡域をあらわす「加刀利《かとり》」（香取）などの地名も記されている。それに対してⅡ期（創建期後半）の地名は、埴生郡域内に限定されるようになる。このことは、Ⅰ期の造営では、新たな地方行政区分「評《ひょう》」（のちの郡）制が布《し》かれてはいたが、旧来の地域的なまとまりであった「印波国造」の領域で瓦を負担していたことを示している。しかし、II期になると大化五（六四九）年以降に進められた「評」の分割再編成によって狭められた、埴生評の範囲で瓦を負担していたことがわかる。

これによって、龍角寺の造営が「印波国造」（初期埴生評督《ひょうとく》か）の権威の誇示であった可能性がより濃厚となり、岩屋古墳の被葬者が龍角寺の造営主体者であった可能性もより高まったといえよう。

図56●龍角寺瓦窯・五斗蒔瓦窯跡出土の文字瓦
瓦を焼く前にヘラ状工具で文字を刻んでいる。「朝布」（麻生）、「加刀利」（香取）など、印旛沼東岸の地名が記されている。

文字資料にみえる「印波国造」の系譜

従来、「印波国造」は、七三八年（天平一〇）の『駿河国正税帳』に記載された「印波郡采《うね》女丈部直広成《めはせつかべのあたいひろなり》」や、『続日本紀』七八一年（天応元）にみえる「印旛郡大領《たいりょう》外正六位上丈部直牛養《うしかい》」などの資料から、後の律令制下に印旛郡司となった「丈部直」であると考えられていた。

　ところが、平城京左京二条大路の藤原麻呂《まろ》邸と推定される場所で発掘された木簡のなかに、「左兵衛《さひょうえ》下総国埴生郡大生直《おおみぶべのあたい》野上養布《のがみようふ》十段」と書かれたものがあることがわかった（図57）。これは、下総国埴生郡から左兵衛府に兵衛として出仕した「大生直野上《おおみぶべのあたいのがみ》」に生活費にかえる布を送った際の付札木簡である。

　左兵衛府は律令政権の官僚機構の一つで、兵衛には地方の郡司の子弟が任じられることになっていたことから、この木簡に記された「大生部直」が埴生郡司であることが明らかになったのである。共伴した木簡によって七三五、七三六年（天平七、八）ごろのものと推測される。

　これによって、浅間山古墳・岩屋古墳・龍角寺など、六世紀末以降の「印波」を代表するおもな遺跡が、なぜ後の印旛郡ではなく、埴生郡にあるのかという謎が解かれることになる。隣国『常陸国風土記』の建評記事研究では、（他の）国造一族もしくは新興氏族が

「左兵衛下総国埴生郡大生直野上養布十段」

図57 ● 平城京出土の「大生直」木簡
下総国埴生郡から左兵衛府に出仕していた「大生直野上」へ生活費にかえる布を送った際の荷札。

力をもち、もともと国造職を保持していた氏族から国造職を奪取して立評の申請者になるという説が示されていた。

これに着目した川尻秋生氏は、「国造本紀」にみえる「印波国造」の元来の本拠地は律令制下の印旛郡にあり、その墓域は公津原古墳群であったが、古墳時代の終わりごろに律令制下の埴生郡域の首長であった大生部直が急速に勢力を増し、「印波国造」の地位を手に入れたことを説いたのである。

大生部、すなわち壬生部《みぶべ》は、『日本書紀』推古天皇一五（六〇七）年二月の条に「壬生部を定む」とあり、それまで個々の皇子女に所属して資養《しよう》のために置かれていた部を再編・拡充して成立したとみられている。厩戸皇子《うまやどのおうじ》（聖徳太子）のために設定したともいわれ、上宮王家をはじめ、王権に直結して経済的・軍事的基盤を築いたとされる。その本家筋が大生部であった。

浅間山古墳の造営とほぼ同時期に壬生部が設定されており、続いて岩屋古墳が出現する。当時「印波国造」の地位にあった「大生部直」は、上宮王家と密接な関係にあったと考えられる。「印波」の終末期古墳と古代寺院に飛鳥・白鳳の仏教文化がいち早くとり入れられた所以であろう。

埴生郡衙跡と周辺の集落

龍角寺古墳群の西側に位置する大畑Ⅰ遺跡で、七世紀第4四半期から八世紀にかけての掘立柱建物群が発掘された（図58）。八世紀代には、建物面積一〇〇平方メートル以上の大型建物が規則的に配置されている。隣接する向台遺跡からは、須恵器、畿内産土師器などの高級食器が多量に出土し、稀少な唐三彩陶枕もある。墨書土器には「厨《くりや》」があり、国司巡検にともなう饗宴や官人給食のための給食施設が存在したことがうかがえる。また、役人の持ち物である円《えん》面硯《めんけん》・風字硯《ふうじけん》のほか、羽口《はぐち》・鉄滓《てっさい》など鍛冶関連の遺物もある。溝・築地塀などの区画施設はみつかっていないが、遺跡の立地と内容は、大畑Ⅰ遺跡が埴生郡衙の一部であることを示しているといってよいであろう。

大畑Ⅰ遺跡周辺の集落は、六世紀後半から拡大し七世紀前半に最盛期を迎えるが、七世紀中葉には早くも縮小傾向に転じている。おそらく埴生評の成立前段階に、この地を急速に開発して官衙施設を設置したことによって、集落はその周辺部に移ったものとみられる。

この開発の立役者が埴生評を立評し、八世紀前葉に埴生の郡領氏族として木簡に記された大生部直であったことになろう。その後に開発された印旛沼西岸域では、印西市西根《にしね》遺跡で八世紀第3四半期の土器に「大《おお》

図58 ● 大畑遺跡の遺構
大型の建物が規則的に配置されている。官衙の厨房をあらわす「厨」の墨書土器や饗宴に使われた高級食器、役人の文房具などが出土し、埴生郡衙跡と推定された。

生部直子猪形代《みぶべのあたいこいのかたしろ》」、九世紀中ごろの土器に「舟穂郷《ふなおごう》生部直《みぶべのあたい》弟刀自女《おとじめ》奉《たてまつる》」の墨書があり、印旛沼南岸域の四街道《よつかいどう》市南作《みなみさく》遺跡でも九世紀中ごろの坏に「山梨郷《やまなしごう》□□　大生部直《おおみぶべのあたい》□□」の墨書がみつかった。これらの遺跡は、印旛郡、千葉郡に属し、これらの隣郡にも大生部直一族が居住域を広げ、開発に参画していたことを物語っているのである。

このように、大生部直は古墳時代終末期から古代への過程で、律令制下の地方官人に編成されながらも、その地位を積極的に利用して地域の実力者になっていったといえる。

4　香取海と「印波」の首長

石枕の分布

古墳時代も終わろうとする七世紀はじめになって、龍角寺古墳群の首長が急浮上し、終末期最大の方墳・岩屋古墳を築くに至った要因はいくつか考えられる。ひとつは、香取海南岸の水上交通を掌握するうえでもっとも有利な場所に立地し、その有用性が増すとともに存在感を強めたことである。

香取海の水運による沿岸域との交流は、物資の流通に限られたものではなく、文化的なつながりも育んだ。五世紀を中心とする石枕《いしまくら》と立花《りっか》（**図59**）を用いた葬送儀礼や玉作《たまつくり》遺跡の分布（**図60**）は、沿岸域の石材流通を背景とした精神的紐帯を象徴する（**図61**）。六世紀以降の後期にはさらに広域の首長交流に発展し、かつての香取海、総武の内海（東京湾）、九十九里沿岸を含めた広域圏で、埴輪・石材の流通がおこなわれている。

当時の列島は、中国大陸に隋・唐の統一王朝が相次いで成立したことで、国家体制の確立が急務であったが、中央ではヤマト王権と有力豪族の確執があり内部に波乱が生じていた。新たな体制を組み立てつつあった王権中枢部は、関東から東北にわたる広大な地域を直接取り込むために、進出の拠点に位置する関東の勢力との関係を重視せざるを得ない状況にあったと思われる。前時代的なモニュメントともいえる大型前方後円墳の築造を容認しつつ徐々に統制を強める必要があったといえよう。

古墳時代後期後半の大型前方後円墳の延長上に関東地方の古墳時代終末期の状況を考えると、常総の水域の一角に一辺八〇メートルという、当時の王陵を超える大きさの巨大な方墳・岩屋古墳が築かれた必然性が浮かび上がる。関東地方が重要な地位を獲得したのは、古墳時代も終わろうとする時期であり、その時になってはじめて他を凌駕する古墳をつくりえたのである。

龍角寺古墳群では、終末期方墳出現の前段階になって唐突に全長約八〇メートルにおよぶ前方後円墳が築かれ、隣接す

図59 ● **石枕と立花**（成田市猫作・栗山16号墳出土）
石枕は死者のための枕。調査例によって、埋葬する前の殯（もがり）の段階から立花とともに用いられたと考えられる。

る旧来の有力古墳群を圧倒している。さらに終末期最大の方墳を築いた背景には王権中枢部との新たな結びつきが反映されているものと思われる。

変革の時代の夢の跡

終末期の大型前方後円墳は、六世紀末葉～七世紀前葉の関東地方を象徴する記念物といえる。

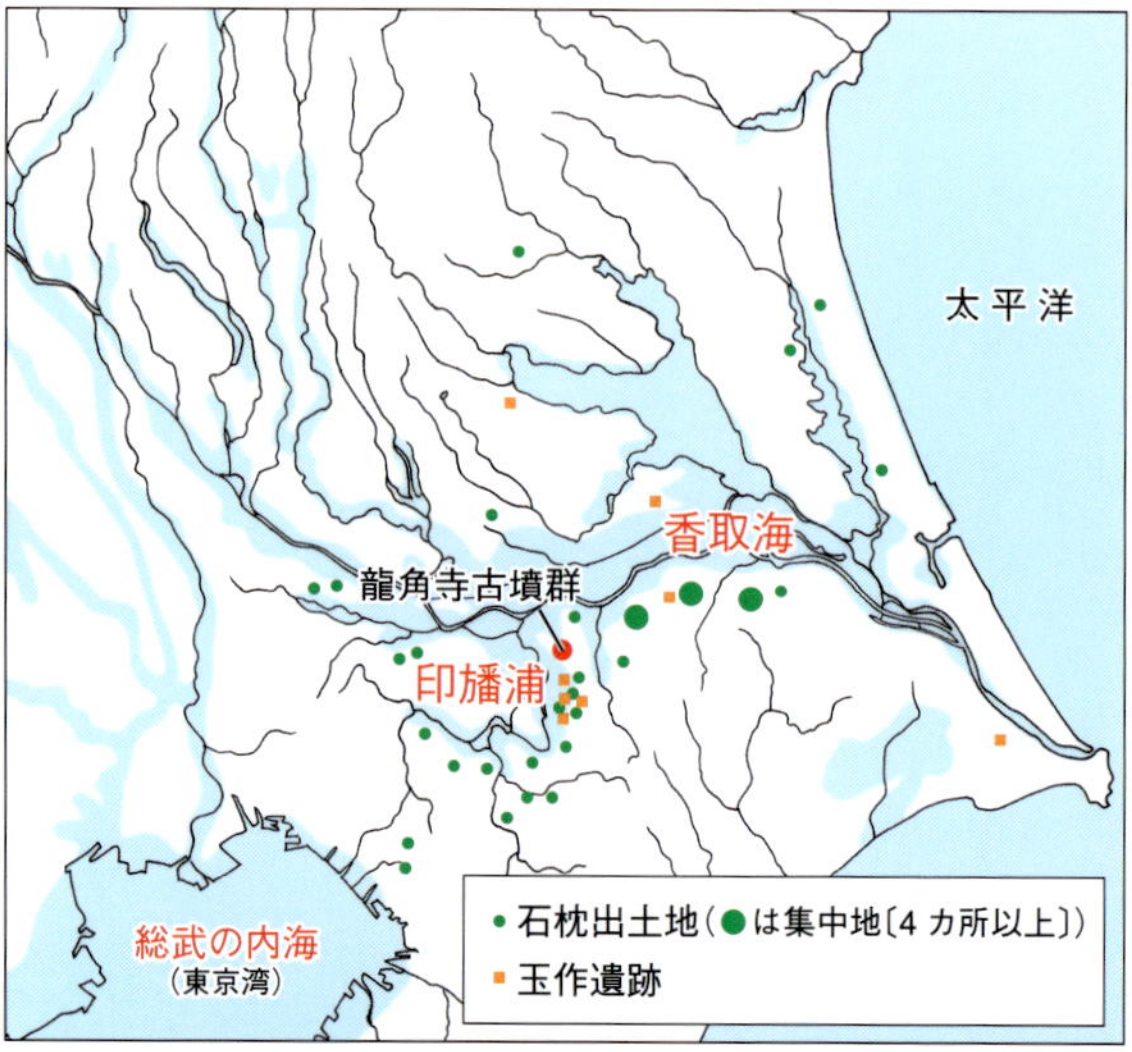

図60 ● 石枕出土地と玉作遺跡の分布
古墳時代中期の香取海の沿岸域は、葬送に石枕を用いる独特の儀礼をおこなう地域であった。

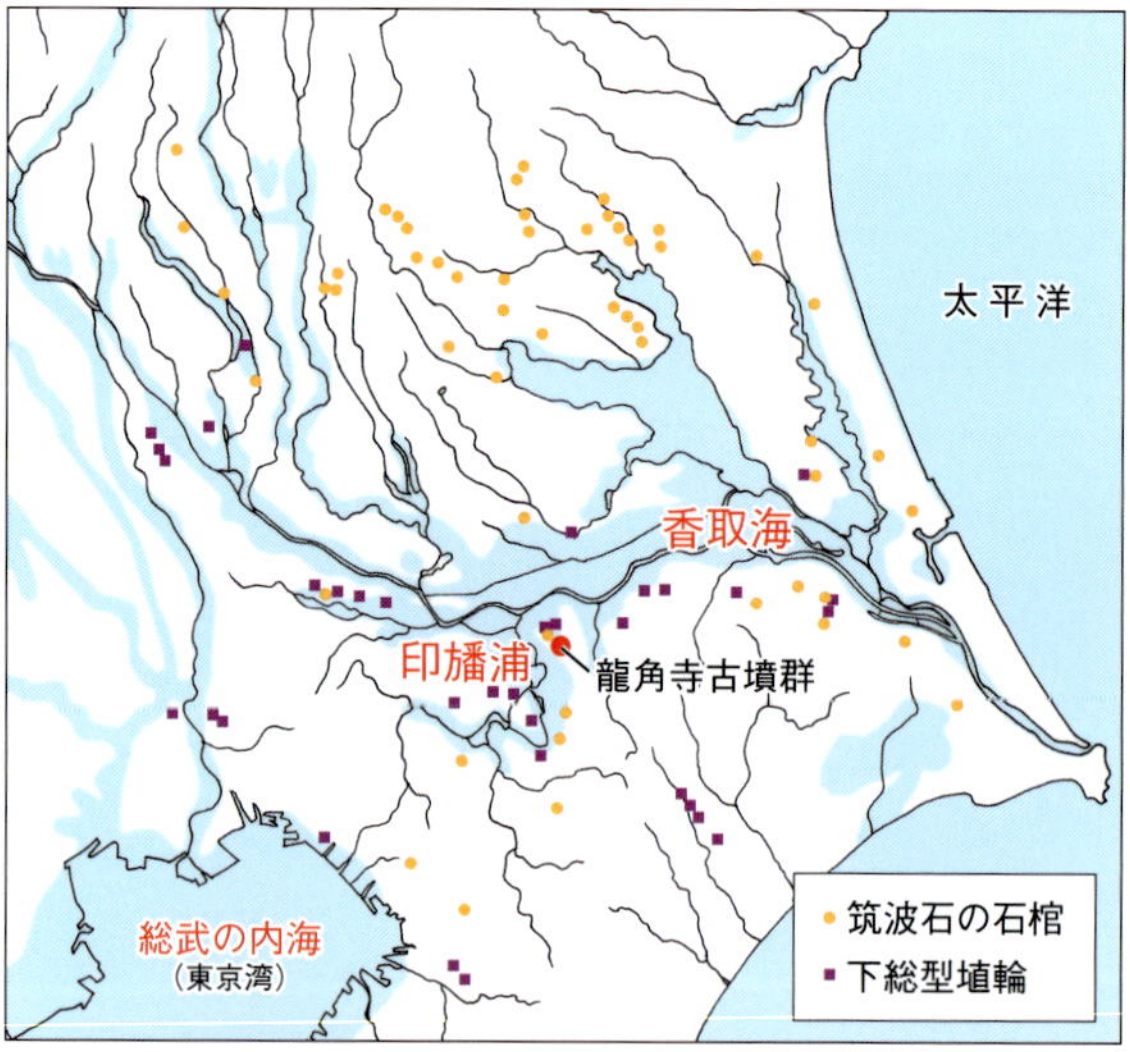

図61 ● 筑波石の石棺と下総型埴輪の分布
古墳時代後期の筑波石を使った石棺と下総型埴輪もまた、香取海をかこむように分布する。

一見時代に逆行するかのような現象であるが、これは六世紀後葉以前の畿内の前方後円墳を頂点とした体制とはまったく異なる原理で形成された大型前方後円墳である。その内容は後期的な様相と終末期の様相とが相まって時代と地域の特異性を示している。

第2・3章でみてきたように、浅間山古墳は、墳形・石室構造・副葬品の一部に後期的な要素を色濃く残しつつ、墳丘の構築法・石室内壁の白土塗布・漆塗木棺・副葬品の組成などに終末期の要素を併せもつ。変革期の首長墓として築かれた最後の大型前方後円墳である。

副葬品には畿内には出土例のない金銅製冠飾と銀製冠があり、それらの類例が北部九州・半島南部、さらに常陸にみいだされることは、被葬者が王権と中央豪族だけではなく九州・常陸の諸勢力と特別な関係を結んでいたことを示している。

そして、出土した木簡によって後の埴生郡司が大生部直と解明されたことは、埴生の地に築かれた浅間山古墳の被葬者が壬生部の在地管掌者として実在した人物である可能性を引き出し、歴史の表舞台に誘うことになった。

浅間山古墳から岩屋古墳をはじめとする終末期方墳の時代は、六世紀末葉の推古朝期にはじまり、七世紀後葉の天智朝期におよぶ古代日本の大変革の時代であった。緑深い木立の中に往時の墳丘がそびえ立つ景観は、さながら「強者どもの夢の跡」である。龍角寺古墳群は、一九三〇年代から学会で注目され、一九四七年から少しずつ学術調査がおこなわれてきた。今後も、徐々に解明されてゆくことを期待したい。

引用・参考文献（五十音順）

石戸啓夫　一九九一『龍角寺尾上遺跡・龍角寺谷田川遺跡』（財）印旛郡市文化財センター
稲木章宏・稲葉昭智ほか　二〇〇六『木更津市文化財調査集報一一』木更津市教育委員会
大塚初重　一九七五「千葉県岩屋古墳の再検討」『駿台史学』第三七号　駿台史学会
川尻秋生　二〇〇一「大生部直と印波国造」『千葉県立中央博物館研究報告　人文科学』第七巻第一号
小林三郎・佐々木憲一編　二〇一三『古墳から寺院へ―関東の7世紀を考える―』六一書房
小牧美知枝　二〇〇九「集落の移りかわり」『房総と古代王権』高志書院
国立歴史民俗博物館編　一九九六「東国における古墳の終末《本編》」『国立歴史民俗博物館研究報告』第四四集
佐々木憲一編　二〇〇七『関東の後期古墳群』六一書房
白石太一郎・杉山晋作ほか　一九九六「千葉県成東町駄ノ塚古墳」『国立歴史民俗博物館研究報告』第六五集
白石太一郎編　二〇〇五『終末期古墳と古代国家』吉川弘文館
白石太一郎・白井久美子・萩原恭一　二〇〇二『印旛郡栄町浅間山古墳発掘調査報告書』千葉県
白井久美子・山口典子　二〇〇二『千葉県古墳時代関係資料』千葉県
白井久美子　二〇〇二『古墳から見た列島東縁世界の形成』千葉大学考古学叢書二
城倉正祥　二〇〇六「埴輪の系統―朝日の岡古墳出土埴輪をめぐって―」『埴輪研究会誌』第一〇号　埴輪研究会
鈴木一有　二〇一〇「古墳時代の東海における太平洋沿岸交流の隆盛」『弥生・古墳時代における太平洋ルートの文物交流と地域間関係の研究』高知大学人文社会科学系
田中新史　一九九七「道上型毛彫馬具の出現と展開」『西本6号遺跡発掘調査報告書』（財）東広島市教育文化振興事業団
田中新史ほか　二〇一〇『武射　経僧塚古墳　石棺篇報告』早稲田大学経僧塚古墳発掘調査団
千葉県教育委員会　一九八九『千葉県重要古墳測量調査報告書―山武地区古墳群（1）―』
千葉県教育委員会　一九九〇『千葉県重要古墳測量調査報告書―山武地区古墳群（2）―』
千葉県史料研究財団編　二〇〇三『千葉県の歴史　資料編　考古2』―弥生・古墳時代―　千葉県
千葉県史料研究財団編　一九九八『千葉県の歴史　資料編　考古3』―奈良・平安時代―　千葉県
千葉県史料研究財団編　二〇〇一『千葉県の歴史　通史編　古代2』千葉県
土生田純之　二〇〇六『古墳時代の政治と社会』吉川弘文館
房総風土記の丘　一九八八『竜角寺古墳群第一〇一号古墳発掘調査報告書』千葉県教育委員会
房総風土記の丘　一九九七『千葉県重要古墳群測量調査報告書―成田市公津原古墳群―』千葉県教育委員会
房総風土記の丘　一九九八『千葉県重要古墳群測量調査報告書―成田市上福田古墳群・北須賀勝福寺古墳群―』千葉県教育委員会
房総古代学研究会シンポジウム資料集二〇〇九『古代房総の地域社会をさぐる（1）―武射郡・山辺郡を中心として―』房総古代学研究会
山路直充　二〇〇九「寺の成立とその背景」『房総と古代王権』高志書院
吉村武彦二〇一〇『ヤマト王権』岩波書店

国史跡　龍角寺古墳群

・千葉県印旛郡栄町龍角寺・成田市大竹
・交通　「房総のむら」参照

古墳群一一四基のうち七八基が千葉県立房総のむらの敷地内にあり、良好に保存されている。埴輪を樹立した様子を復元した一〇一号墳や墳丘を整備した岩屋古墳などを、遊歩道を歩きながら間近に観察することができる。

龍角寺古墳群

千葉県立　房総のむら

・千葉県印旛郡栄町龍角寺１０２８
・電話　０４７６（９５）３３３３
・開館時間　９：00～16：30
・休館日　月曜（祝日の場合は翌日）、年末年始
・料金　一般３００円、高大学生１５０円、中学生以下・65歳以上無料
・交通　ＪＲ成田線「安食」駅から「竜角寺台車庫」行きバス約10分「房総のむら」下車。徒歩3分。車で東関東自動車道成田ＩＣから約20分。

敷地内の「風土記の丘資料館」の第一展示室「房総の古墳と古代の寺」にて、一〇一号墳出土の人物・動物埴輪など龍角寺古墳群出土遺物および龍角寺関連資料を展示している。また、「ふるさとの技　体験エリア」では、江戸時代後期から明治初期ごろ房総の商家の町並みを再現している。

風土記の丘資料館

公津原古墳群

・成田市加良部・赤坂・吾妻ほか
・交通　ＪＲ「成田駅」から「はなのき台」方面行きバス約5分、「成田ニュータウンボンベルタ」下車、徒歩1～15分

成田ニュータウンの建設にともなって発掘調査された県内有数の古墳群。一二八基のうち、四〇基が千葉県指定史跡として保存されている。公園や緑地のほか、小・中学校の校庭や集合住宅の敷地内、ショッピングセンターの脇にも保存されており、日常生活の中で古墳に触れることができる。

遺跡には感動がある

——シリーズ「遺跡を学ぶ」刊行にあたって——

「遺跡には感動がある」。これが本企画のキーワードです。

あらためていうまでもなく、専門の研究者にとっては遺跡の発掘こそ考古学の基礎をなす基本的な手段です。また、はじめて考古学を学ぶ若い学生や一般の人びとにとって「遺跡は教室」です。

日本考古学では、もうかなり長期間にわたって、発掘・発見ブームが続いています。そして、毎年厖大な数の発掘調査報告書が、主として開発のための事前発掘を担当する埋蔵文化財行政機関や地方自治体などによって刊行されています。そこには専門研究者でさえ完全には把握できないほどの情報や記録が満ちあふれています。しかし、その遺跡の発掘によってどんな学問的成果が得られたのか、その遺跡やそこから出た文化財が古い時代の歴史を知るためにいかなる意義をもつのかなどといった点を、莫大な記述・記録の中から読みとることははなはだ困難です。ましてや、考古学に関心をもつ一般の社会人にとっては、刊行部数が少なく、数があっても高価なその報告書を手にすることすら、ほとんど困難といってよい状況です。

いま日本考古学は過多ともいえる資料と情報量の中で、考古学とはどんな学問か、また遺跡の発掘から何を求め、何を明らかにすべきかといった「哲学」と「指針」が必要な時期にいたっていると認識します。

本企画は「遺跡には感動がある」をキーワードとして、発掘の原点から考古学の本質を問い続ける試みとして、日本考古学が存続する限り、永く継続すべき企画と決意しています。いまや、考古学にすべての人びとの感動を引きつけることが、日本考古学の存立基盤を固めるために、欠かせない努力目標の一つです。必ずや研究者のみならず、多くの市民の共感をいただけるものと信じて疑いません。

二〇〇四年一月

戸沢充則

著者紹介

白井久美子（しらい・くみこ）

早稲田大学第１文学部史学科卒業、千葉大学大学院社会文化科学研究科後期修了。博士（文学）。

千葉県教育庁文化財課、千葉県文化財センター、千葉県史料研究財団等に勤務し、現在、千葉県立房総のむら風土記の丘資料館主任上席研究員。

主な著書 『古墳から見た列島東縁世界の形成』（千葉大学考古学研究叢書２）、『古墳時代の実像』（共著・吉川弘文館）、『古墳から寺院へ―関東の７世紀を考える―』（共著・六一書房）ほか。

写真提供（所蔵）
千葉県立房総のむら：図1・6・8・9・10・39・53／栄町教育委員会：図4・52（一部、龍角寺所蔵）・54・56／千葉県立中央博物館：図14・15・17・18・20・23・25・30・33（このうち17・18・23上2点・33：堀越知道氏撮影、30上2点：三浦輝与史氏撮影）／木更津市教育委員会：図36／國學院大學博物館：図37／『千葉県の歴史　資料編　考古２』千葉県：図47／芝山町教育委員会：図48（右）・図49（右）／芝山はにわ博物館：図48（左）／『房総考古学ライブラリー６　古墳時代（2）』（財）千葉県文化財センター：図49（左）／千葉県教育委員会：図50・58／奈良文化財研究所：図57／成田市教育委員会：図59

図版出典（一部改変）
図1：国土地理院1/20万地勢図「千葉」／図26・28：竹井眞知子氏画／図44：鈴木一有2010／図46：小牧美知枝2009／図55：石戸啓夫1991

上記以外は著者

シリーズ「遺跡を学ぶ」109
最後の前方後円墳　龍角寺浅間山《りゅうかくじせんげんやま》古墳

2016年 6月15日　第1版第1刷発行

著　者＝白井久美子
発行者＝株式会社　新 泉 社
東京都文京区本郷2－5－12
TEL 03（3815）1662 ／ FAX 03（3815）1422
印刷／三秀舎　製本／榎本製本

ISBN978－4－7877－1539－5　C1021

シリーズ「遺跡を学ぶ」